叶龙 ◎ 编著

AI新媒体运营与推广从入门到精通

U0360049

清華大学出版社
北京

内 容 简 介

本书从新媒体账号的精准定位入手，利用人工智能（AI）技术帮助读者把握行业趋势，明确账号特色，并迅速吸引目标粉丝群体。书中详尽介绍了AI在内容创作、图片编辑、视频制作、音频处理等多个领域的应用，展示了AI如何提升新媒体内容的吸引力和传播效率。亮点包括AI辅助的标题文案生成、7种不同风格的标题制作方法，以及在文章内容创作中的编辑技巧和生成流程，使新媒体运营者能够以更高效的方式产出高质量内容。书中还介绍了AI在视觉艺术中的应用，使新媒体作品内容更加多元化和丰富的方法。此外，本书探讨了AI在新媒体数据分析、用户行为理解、内容推荐算法等方面的应用，帮助运营者洞察市场趋势，实现精准营销。最后，书中提供了新媒体商业变现的多种策略，指导读者如何运用AI技术实现盈利目标。

本书是一本新媒体运营者不可多得的AI应用指南。本书图片精美丰富，讲解深入浅出，实用性强，适合各类新媒体平台的运营者和使用者，包括互联网创业者和自媒体人。本书也可作为各大高等院校相关专业的教学参考材料。

图书在版编目(CIP)数据

AI新媒体运营与推广从入门到精通 / 叶龙编著. --北京：清华大学出版社，2025. 5.
ISBN 978-7-302-68820-4

Ⅰ. G206.2-39

中国国家版本馆CIP数据核字第20251TH666号

责任编辑：张　瑜
封面设计：杨玉兰
责任校对：李玉茹
责任印制：宋　林
出版发行：清华大学出版社
　　　　网　　　址：https://www.tup.com.cn, https://www.wqxuetang.com
　　　　地　　　址：北京清华大学学研大厦A座　　　　邮　　编：100084
　　　　社 总 机：010-83470000　　　　　　　　　邮　　购：010-62786544
　　　　投稿与读者服务：010-62776969, c-service@tup.tsinghua.edu.cn
　　　　质量反馈：010-62772015, zhiliang@tup.tsinghua.edu.cn
印 装 者：三河市君旺印务有限公司
经　　销：全国新华书店
开　　本：170mm×240mm　　　印　　张：13.5　　　字　　数：252千字
版　　次：2025年5月第1版　　　印　　次：2025年5月第1次印刷
定　　价：69.80元

产品编号：107847-01

前 言

■ **写作驱动**

在数字化时代的浪潮中，人工智能技术已经渗透到我们生活的方方面面，尤其在新媒体行业，它所带来的变革更是前所未有的。AI 不仅赋予新媒体运营者全新的创作工具，还为整个新媒体行业开辟了一片新的蓝海。

随着 AI 技术的不断进步和普及，AI 在新媒体运营中的应用越来越广泛，已经成为提升运营效率、扩大影响力的重要工具。未来，视频营销与社交电商的 AI 化转型将成为新媒体运营的核心演进方向，同时也催生相应新生岗位的需求。

本书的诞生，正是为了迎合这一时代的需求，旨在帮助读者全面理解并掌握利用 AI 生成新媒体内容的技巧，以及运营推广和变现策略。本书将深入剖析 AI 在新媒体运营中的应用，逐步引导读者掌握 AI 新媒体内容的生成技巧，并通过大量实操方法，让读者更好地理解如何将它们应用到实践中。

■ **本书特色**

本书不仅详细介绍了利用 AI 生成新媒体内容的技巧与方法，还通过丰富的实例，向读者展示了如何使用 AI 工具打造热门新媒体账号，并将它们结合应用，从而在新媒体行业中发挥最大的价值，实现商业变现。本书的特色如下。

（1）全面覆盖，11 大专题内容介绍。本书全面且详细地介绍了利用 AI 助力新媒体运营的全部技巧，包括账号定位、标题文案创作、文章内容创作、图片生成、视频生成、音频生成、文章排版、引流吸粉、运营推广、数据分析、商业变现等，为读者提供一站式的学习体验。

（2）物超所值，5 大超值资源赠送。为了给读者带来前所未有的学习体验，本书精心准备了同步教学视频、AI 提示词、素材文件、效果文件、习题答案等，读者用手机扫码即可获得。

（3）商业视角，7 大 AI 运营策略。本书不仅关注技术层面，还从商业角度出发，为读者解析如何将 AI 运营技术应用于实际商业项目中，实现商业价值最大化。

（4）实战导向，206 分钟视频讲解。本书注重实用性和操作性，通过大量的案例分析和操作步骤，让读者能够跟随书中的指导亲自动手实践，从而更好地掌握所学内容。

（5）图文并茂，200 多张图片全程图解。本书采用图文并茂的排版方式，让读者在阅读过程中更加直观、清晰地理解技术要点和操作步骤。

总之，本书是一本全面、系统的 AI 新媒体运营与推广指南，更是一本能够帮助读者在新媒体平台中脱颖而出的实战手册。我们期待，通过学习本书内容，读者不仅能够掌握 AI 新媒体运营与推广的核心技术，还能够轻松实现商业变现。

■ 温馨提示

（1）版本更新。本书在编写时，是基于当时各种 AI 工具和网页平台的界面截取的实际操作图片，但本书从编辑到出版需要一段时间，这些工具的功能和界面可能会有所变化。因此，读者在阅读时，需要根据书中的思路，举一反三，进行学习。其中，剪映专业版版本为 5.7.0。

（2）提示词。提示词也称提示、文本描述（或描述）、文本指令（或指令）、关键词或"咒语"等。需要注意的是，即使是相同的提示词，AI 模型每次生成的文案、图像或视频效果也会有所差别，这是模型基于算法与算力得出的新结果，属于正常现象。因此，大家看到书中的截图与视频会有所区别，即使大家用同样的提示词多次制作，出来的效果也会有所差异。

（3）特别提醒。在使用本书进行学习时，读者需要注意实践操作的重要性，只有通过实践操作，才能更好地掌握 AI 新媒体运营与推广的应用技巧。

■ 资源获取

如果读者需要获取书中案例的素材、效果、视频和课件，使用微信"扫一扫"功能按需扫描下列对应的二维码即可。

素材效果　　　　其他资源

■ 作者介绍

本书由叶龙编著，参与编写的人员还有毛文静等人，在此表示感谢。由于编者知识水平有限，书中难免有疏漏之处，恳请广大读者批评、指正。

编　者

目录

第 1 章

AI 助力精准定位，轻松打造爆款新媒体账号

运营者准备踏入新媒体领域之前，至关重要的一步是对自己的账号和内容进行定位。利用 AI 技术和相关定位技巧，可以打造具有辨识度的账号，从而迅速吸引目标用户群体，让他们观看你的内容，关注你的账号。

1.1 迎接 AI 新媒体时代，把握前沿趋势

随着科技的飞速发展，AI 技术正向我们生活的各个角落渗透，与此同时，媒体行业也迎来了 AI 新媒体时代。AI 新媒体时代不仅改变了内容的生产方式，重塑了信息的传播路径和用户体验，也带来了前所未有的机遇与挑战。

本节将从新媒体与 AI 技术的融合趋势、AI 新媒体的定义与特点、AI 新媒体与传统媒体的比较三个方面，对 AI 新媒体进行概述。

1.1.1 新媒体与 AI 技术的融合趋势

扫码
看视频

新媒体是一种基于互联网技术的数字化传播平台，包括社交媒体、移动应用等。AI 技术则是一种模拟人类思维和延伸人类智能的技术，通过机器学习和深度学习等算法，实现智能化功能的技术体系。

AI 技术的崛起为新媒体行业注入了新的活力，它们呈现出融合趋势。在内容的生成、分发和互动等各个环节，AI 技术极大地提高了生产效率，为用户带来更加个性化、智能化体验的同时，也为新媒体运营者带来了更多的机会。

1. AI 技术在新媒体内容生成中的应用

在新媒体时代，AI 技术已经广泛应用于内容的生成环节，能够实现对各种内容的快速筛选、编辑和发布。AI 技术的应用大大提高了生产效率和传播速度，使得新媒体运营者能够迅速捕捉到热点事件，并及时向公众传播。

AI 技术还可以辅助新媒体运营者进行内容创作。例如，AI 可以分析大量的历史数据和实时数据，为运营者提供有价值的线索和背景信息，帮助他们更好地理解和报道事件。此外，AI 还可以自动生成一些简单的报道。

2. AI 技术在新媒体内容分发中的作用

通过分析用户的浏览历史、兴趣偏好等信息，AI 可以为用户推荐个性化的内容，提高用户体验。这种个性化推荐系统能够根据用户的兴趣点，精准地推送符合其偏好的内容，让用户能够在海量信息中快速找到自己感兴趣的内容。

此外，AI 技术还可以根据用户的反馈和行为数据，不断优化推荐算法，提高推荐精度。例如，当用户对某个领域的内容表现出浓厚的兴趣时，AI 可以自动增加该领域内容的推荐比例，以更好地满足用户的需求。

3. AI 技术在社交媒体和短视频领域的应用

通过智能聊天机器人、语音识别等技术，AI 可以与用户实时互动，为用户提供更加便捷、智能的服务。例如，在社交媒体平台上，AI 可以自动回复用户的留言和评论，解答用户的问题，提高用户满意度。

在短视频领域，AI 技术可以通过图像识别、视频剪辑等技术，自动对视频进行剪辑和合成，生成符合用户需求的短视频内容。这种智能化的视频制作方式不仅提高了视频的生产效率，也为用户带来了丰富多彩的视觉体验。

未来，新媒体与 AI 技术的融合趋势将更加明显，不断推动媒体行业的智能化升级。新媒体与 AI 技术的融合将为媒体行业带来更加广阔的发展前景和无限的可能性。

扫码看视频

1.1.2　AI 新媒体的定义与特点

AI 新媒体是指融合 AI 技术与传统媒体形态，通过智能化手段对内容进行创作、处理、分发和互动的新型媒体形态。这种新型媒体形态不仅继承了传统媒体的传播功能，还通过 AI 技术赋予内容更高的生产效率、更精准的用户定位，以及更丰富的互动体验，表现出了强大的优势和潜力。AI 新媒体具有以下几个特点。

1. 智能化

AI 新媒体的最大特点就是智能化。这种智能化体现在内容的生产、筛选、编辑、分发等各个环节。

- 在内容生产方面，AI 可以模拟人类的写作风格，自动生成新闻报道等。
- 在内容筛选和编辑方面，AI 可以通过自然语言处理、图像识别等技术，自动筛选出有价值的信息，并进行编辑与整合。
- 在内容分发方面，AI 可以根据用户的实时行为数据，帮助运营者精准推送内容，确保引起用户的兴趣。

这种智能化的处理方式大大提高了内容的生产效率和质量，使内容更加丰富、精准和有效。

2. 个性化

AI 新媒体的另一个重要特点就是个性化。AI 新媒体可以通过智能算法和大数据分析，深入了解每个用户的兴趣、偏好和需求，从而为他们提供个性化的内容推荐和定制服务。这种个性化的推荐方式不仅提高了用户的满意度和忠诚度，也增强了内容的针对性和有效性。

3. 互动性

AI 新媒体还注重用户互动和社交体验。通过智能算法和交互设计，AI 新媒体可以实现更加智能的互动和社交功能，如智能问答、虚拟社交、智能推荐等。

这些功能不仅增强了用户的参与感和归属感，也促进了用户之间的互动，形成了更加紧密的社交关系。同时，AI 新媒体还可以通过数据分析，深入了解用户的互动行为和社交习惯，为内容的优化和创新提供有力的支持。

1.1.3 AI 新媒体与传统媒体的比较

 扫码
看视频

作为一种新型媒体形态，AI 新媒体与传统媒体形成了鲜明的对比，两者在内容生产、分发以及用户体验等方面都存在显著的差异。

1. 内容生产

在内容生产方面，新媒体凭借 AI 技术，实现了内容的快速生成和编辑。这种自动化生产方式极大地提高了内容生产的效率，降低了成本，并且能够根据市场需求快速调整内容方向。

相比之下，传统媒体在内容生产上更加依赖人工创作和编辑。记者、编辑等媒体工作者通过实地采访、调查研究、撰写稿件等方式，生产具有一定深度、广度和独特性的内容。传统媒体的内容生产周期较长，但能够确保内容的质量和权威性。

2. 内容分发

在内容分发方面，AI 新媒体能够根据用户的兴趣和偏好进行个性化推荐。通过分析用户的浏览记录、搜索历史、社交行为等数据，AI 能够深入了解用户的需求和喜好，为用户推荐符合其兴趣的内容。这种个性化推荐方式提高了用户获取信息的效率和满意度。

传统媒体在内容分发上则主要依赖传统的传播渠道，如网络、报纸、电视、广播等。这些渠道具有广泛的覆盖面和稳定的受众群体，但缺乏个性化推荐的能力。传统媒体的内容分发往往受地域、时间等因素的限制。

3. 用户体验

在用户体验方面，AI 新媒体注重用户的互动和社交体验。通过智能问答系统、虚拟社交功能等互动方式，AI 新媒体能够为用户提供更加智能、便捷的服务。同时，AI 新媒体还注重用户的反馈和需求，不断优化产品功能和界面设计，提高用户体验的满意度。

传统媒体在用户体验上则主要侧重内容的呈现和传递。传统媒体通过优秀的新闻报道、独特的节目制作等方式，吸引用户的注意力并传递有价值的信息。然而，传统媒体在互动和社交方面的能力相对较弱。

尽管 AI 新媒体在多个方面具有优势，但传统媒体仍然具有其独特的价值。传统媒体在内容的权威性和可信度方面仍然具有优势。同时，传统媒体在文化传承和社会舆论引导方面也发挥着重要作用。因此，在未来，AI 新媒体和传统媒体将相互融合、相互补充，共同推动媒体行业的发展。一方面，AI 新媒体可以借鉴传统媒体在内容生产、报道深度等方面的优势，提高自身内容的质量和权威性；另一方面，传统媒体也可以借助 AI 新媒体的技术手段，提升内容分发的效率和用户体验。AI 新媒体和传统媒体的合作与融合，可以形成更加多元化、个性化的媒体形态，满足用户日益增长的信息需求。

1.2 明确账号定位，让新媒体运营告别迷茫

账号定位，简单地说，是指运营者要做什么类型的新媒体账号，然后通过这个账号吸引什么样的用户群体，同时这个账号能为用户提供哪些价值。运营者需要从多个方面考虑账号定位，不能只单纯地考虑自己，或者只打广告和卖货，而忽略了给用户带来的价值，这样很难运营好账号，也难以得到用户的支持。

新媒体账号定位的核心规则为：一个账号只专注于一个垂直细分领域，只定位一类用户群体，只分享一种类型的内容。本节将介绍用 AI 做新媒体账号定位的方法，以及新媒体账号定位的相关技巧，帮助大家更好地把握账号运营的方向。

1.2.1 AI 神助攻，轻松搞定账号定位

扫码看视频

在数字化时代的浪潮中，拥有一个清晰定位的账号是新媒体走向成功的关键。然而，对于许多人来说，如何精准地定位自己的账号，让其在海量的信息中脱颖而出，成为一个不小的挑战。随着 AI 技术的不断发展，新媒体运营者有了更为智能、高效的工具来辅助完成这一任务。

传统的账号定位往往依赖个人的经验、直觉和对市场的了解，不仅效率低下，而且难以确保定位的准确性和有效性。然而，AI 技术的引入使得账号定位变得更加科学、系统。通过深度学习和大数据分析，AI 能够精准地捕捉用户的兴趣、需求和行为模式，从而为账号的定位提供有力的数据支持。

AI 技术可以通过分析用户的浏览记录、搜索关键词、社交互动等信息，构建出用户的精准画像，帮助新媒体运营者了解用户的兴趣、偏好、年龄、性别等特征，为账号的定位提供有力的依据。

基于用户画像和大数据分析，AI 可以构建出智能的内容推荐系统，能够根据用户的兴趣和需求，推荐与其高度匹配的内容，提升账号的曝光率和用户黏性。此外，AI 技术还可以通过对历史数据的分析，预测未来的市场趋势和用户需求，帮助新媒体运营者及时调整账号的定位和内容策略，以适应市场的变化。

总之，AI 技术极大地提高了账号定位的效率，为账号的定位提供了更为精准的数据支持。同时 AI 技术还能进一步优化用户体验，增强账号的互动性和个性化水平，从而增强用户黏性。下面以 Kimi 为例，看看如何用 AI 做一个美食类的新媒体账号定位。

【关键词】

搜索网络，请告诉我做一个美食类的抖音号，如何做账号定位，并提供一些示例。

【AI 生成的内容】

要成功运营一个美食类的抖音号，你需要进行精准的账号定位来吸引目标受众。以下是一些基于网络搜索结果的具体定位策略和示例。

账号定位策略

1. 确定目标受众。了解你想要吸引的观众类型，例如美食爱好者、健康饮食追求者或特定地区的食客。

2. 选择内容类型。根据你的兴趣和专长，选择制作哪种类型的内容，如搞笑剧情、产品展示或教学视频。

3. 建立独特的卖点。确定你的账号有哪些独特之处，如特色菜品、独特的烹饪技巧。

4. 利用本地化优势。如果你的内容聚焦于特定地区，可以利用本地特色美食以吸引观众。

5. 创建有吸引力的账号名称。使用"地名＋动作"的命名方式，如"郑州吃货王"，以吸引本地受众。

6. 制定人设与定位。确立账号的人格特质和风格，如活泼、专业或亲切，以吸引特定人群。

7. 内容定位。确定你的视频内容将聚焦于哪些方面，如新店探访或家常菜谱分享。

8. 监测和调整。定期监测账号的表现，包括观众的反馈和互动情况，并根据数据和反馈即时调整内容策略。

示例

1. "郑州吃喝玩乐"。一个以地区为中心的账号，专注于郑州当地的美食探店，使用"地名＋动作"的命名方式。

2. "杭州青年美食聚集地"。针对年轻人群体的美食账号，结合地名、特定人群和动作，吸引特定受众。

3. "大 logo 吃遍中国"。一个以探店和美食体验为主的账号，通过真人出镜和试吃，展示各地美食，吸引观众。

通过上述策略和示例，即可准确定位一个美食类的抖音号，从而吸引并维系你的目标受众。值得一提的是，内容质量、一致性、与观众的互动是提高账号吸引力和影响力的关键。

1.2.2 揭秘定位关键点，让你的账号更有方向

定位（positioning）理论的创始人杰克·特劳特（Jack Trout）曾说过："所谓定位，就是令你的企业和产品与众不同，形成核心竞争力；对受众而言，即鲜明地建立品牌。"

扫码
看视频

其实，简单来说，定位包括以下 3 个关键点。

- 你是谁？
- 你要做什么事情？
- 你和别人有什么区别？

新媒体账号定位还需在此基础上对问题进行一些扩展，具体如图 1-1 所示。

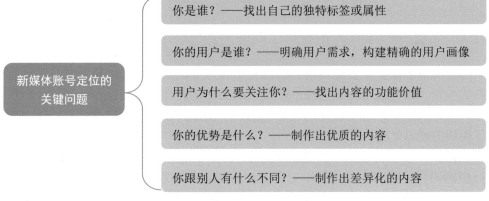

新媒体账号定位的关键问题

- 你是谁？——找出自己的独特标签或属性
- 你的用户是谁？——明确用户需求，构建精确的用户画像
- 用户为什么要关注你？——找出内容的功能价值
- 你的优势是什么？——制作出优质的内容
- 你跟别人有什么不同？——制作出差异化的内容

图 1-1　新媒体账号定位的关键问题

以抖音为例，该平台上不仅有数亿的用户，而且每天更新的视频数量也在百万以上。那么，如何让自己发布的内容被大家看到并喜欢呢？关键就在于做好账号定位，它直接决定了账号的涨粉速度和变现能力，同时也影响着账号的内容布局和引流效果。

1.2.3 揭秘账号定位的理由：为何如此重要？

运营者在准备注册新媒体账号时，必须将账号定位放到第一位，因为只有账号定位做好了，之后的新媒体运营道路才会走得更加顺畅。图 1-2 所示为将账号定位放到第一位的 5 个理由。

扫码
看视频

扫码
看视频

建立清晰的账号形象，让用户能够快速了解你

明确自己的运营方向，通过差异化内容快速突围

将账号定位放到第一位的 5 个理由

有利于发展精准用户，持续获取平台的流量扶持

有利于做搜索排名，从而提升平台推荐的匹配度

用户黏性更高，后期的转化和变现都会变得更容易

图 1-2　将账号定位放到第一位的 5 个理由

1.2.4　给账号贴上特色标签，一秒抓住粉丝

标签是指新媒体平台给运营者的账号进行分类的指标依据。平台会根据运营者发布的内容，给其账号打上对应的标签，然后将运营者的内容推荐给对这类标签作品感兴趣的人群。这种个性化的流量机制，不仅提升了运营者的创作积极性，也增强了用户的观看体验。

例如，一个平台上有 100 人，其中有 50 人对旅行感兴趣，还有 50 人不喜欢旅行类的内容。此时，如果你刚好是做旅行类内容的账号，但没有做好账号定位，平台没有给你的账号打上"旅行"这个标签，那么系统可能会随机将你的内容推荐给平台上的所有人。在这种情况下，你的内容可能只会得到 50% 的用户点赞和关注，而由于点赞率过低，被认定为内容不够优质，系统将不再为你推荐用户。

相反，如果你的账号被平台打上了"旅行"的标签，此时系统不是随机推荐用户，而是将内容精准推荐给喜欢看旅行类内容的那 50 人。这样，你的内容获得的点赞和关注的概率就会非常高，从而获得更多的系统推荐，让更多人看到你的作品，并喜欢上你的内容，关注你的账号。

只有通过精准的新媒体账号定位，并为账号贴上合适的标签，你的账号才能在用户心中留下深刻的印象。因此，对于新媒体运营者而言，给账号打上标签是一项至关重要的工作。下面是一些给账号打标签的相关技巧，如图 1-3 所示。

专家提醒

以抖音平台为例，某些专业人士分析得出一个结论，即某个短视频作品连续获得系统的 8 次推荐后，就会获得一个新的标签，从而得到更加长久的流量扶持。

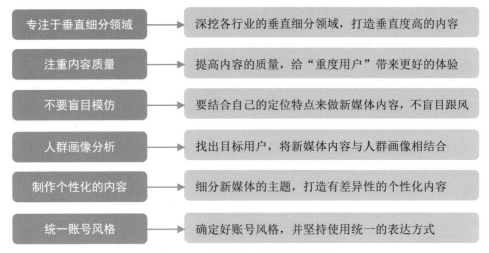

图 1-3　给账号打标签的相关技巧

1.2.5　账号定位步骤攻略，手把手教你如何操作

扫码
看视频

很多人做新媒体运营其实都是跟风，看着大家都在做，也跟着去做，根本没有考虑过自己的运营目的到底是涨粉还是变现。以涨粉为例，蹭热点是非常快的涨粉方式，但这样的账号变现能力往往较弱。

因此，运营者需要先想清楚自己做新媒体的目的是什么，如引流涨粉、推广品牌、打造 IP（intellectual property，知识产权）、带货变现等。当明确了运营新媒体的目的后，运营者即可开始做账号定位。基本操作步骤如下。

（1）分析行业数据。在进入某个行业之前，首先找出这个行业中的头部账号，观察它们是如何成功运营账号的。还可以通过专业的行业数据分析平台，挖掘出行业的最新玩法、热点内容、热门商品和创作方向。

（2）分析自身属性。对于平台上的头部账号来说，其点赞量和粉丝量往往都非常高。这些账号通常拥有良好的形象、才艺和技能，普通人很难模仿。因此，新媒体运营者需要从自身已有的条件和能力出发，找出自己擅长的领域，保证内容质量和更新频率。

（3）分析同类账号。深入分析同类账号的新媒体题材，学习它们的优点，并找出不足之处或能够进行差异化创作的地方，以此来超越同类账号。

1.2.6　账号定位小技巧，让你事半功倍

新媒体的账号定位就是为账号运营确定方向，为内容创作指明路径。那么，新媒体运营者到底该如何进行账号定位呢？笔者认为，账号定位可细分为行业定位、

扫码
看视频

内容定位、商品定位、用户定位和人设定位，运营者可以从这5个维度分别进行思考。

1. 行业定位

行业定位就是确定账号分享的内容所属的行业或领域。通常来说，运营者在做行业定位时，要选择自己擅长的领域，并须在账号名字上体现自身的行业定位。例如，擅长摄影的运营者，可以将摄影领域作为自己的账号定位；擅长唱歌的运营者，可以选择将歌唱领域作为自己的账号定位。

当然，有时候某个行业包含的内容比较广泛，而且抖音上做该行业内容的账号已经很多了。此时，运营者便可通过对行业进行细分，侧重从某个细分领域打造账号内容。

比如，摄影包含的内容非常丰富，但现在越来越多的人开始直接用手机拍摄视频，而且这其中又有许多人对摄影构图比较感兴趣。因此，某抖音号便针对这一点深入挖掘手机摄影技巧，并将账号定位为手机摄影技巧分享类的账号。

2. 内容定位

新媒体账号的内容定位就是确定账号的内容方向，并据此有针对性地生产内容，进行电商运营。通常来说，运营者在做内容定位时，只需结合账号定位确定需要发布的内容即可。内容定位是账号定位的关键，1.3节中将重点对内容定位进行讲解，这里就不再赘述了。

3. 商品定位

大部分运营者之所以要做新媒体运营，就是希望能够借此变现，获得一定的收益，而商品销售又是比较重要的一种变现方式，因而选择合适的变现商品进行商品的定位，就显得尤为重要了。

那么，新媒体运营者要如何进行商品定位呢？商品定位分为两种：一种是根据运营者自身拥有的商品进行定位，另一种是根据运营者自身业务范围进行定位。

（1）根据自身拥有的商品进行定位很好理解，就是看自己有哪些商品可以销售，然后将这些商品作为销售的对象进行营销。

例如，某位运营者自身拥有多种零食的货源，于是将账号定位为零食销售类账号。他不仅将账号命名为"××零食"，而且还通过短视频对零食进行了展示，并为用户提供了相关零食的购买链接。

（2）根据自身业务范围进行定位，即发布与账号业务相关的短视频，然后根据短视频内容插入对应的商品链接。这种定位方式比较适合自身没有商品的运营者，这部分运营者只需根据短视频内容添加他人的商品链接，便可以借助该商品的链接获得佣金收入。

例如，某位美食类运营者本身是没有商品货源的，于是他便通过在短视频中添加他人店铺中的商品链接来获取佣金收入。该运营者发布的一条制作豆腐的短视频中，便对豆浆机进行了展示，并为用户提供了购买链接。

4. 用户定位

在账号的运营中，新媒体运营者如果能够明确用户群体，做好用户定位，并针对主要用户群体进行营销，那么账号生产的内容将更具有针对性，而内容的带货能力也将变得更强。

在做用户定位时，运营者可以从性别、年龄和地域分布等方面分析目标用户，了解粉丝的画像，并在此基础上更好地做出针对性的运营策略，以精准营销。

5. 人设定位

人设是人物设定的简称。所谓人物设定，就是新媒体运营者通过发布内容，塑造出镜人物的典型形象和个性特征。通常来说，成功的人设能在用户心中留下极其深刻的印象，让用户能够通过某个或者某几个标签快速联想到该账号以及账号中的出镜人物。

人物设定的关键就在于为出镜的主要人物贴上标签。那么，如何才能快速为人物贴上标签呢？其中一种比较有效的方式就是通过短视频内容来凸显人物某方面的特征，从而强化人物的标签。

例如，某运营者为了凸显自身的美食达人标签，经常会发布一些传授美食制作技巧的短视频。因为该账号发布的短视频中运营者制作的美食看上去比较精致，展示的美食种类也比较多，让人觉得这位运营者懂得很多美食制作技巧，所以该账号运营者的美食达人标签便树立起来了。

1.3　做好内容定位，打造专属内容方案

做新媒体运营，本质上是做内容运营，那些能够快速涨粉和变现的运营者都是靠优质的内容来实现的。通过内容吸引来的用户，通常都是对运营者分享的内容感兴趣的人群，这样的用户群体更加精准、靠谱。因此，内容是运营新媒体的核心所在，同时也是账号获得平台流量的核心因素。

对于新媒体运营来说，内容为王，而内容定位的关键就是用什么样的内容来吸引什么样的用户群体。本节将介绍用 AI 做新媒体内容定位的方法，以及新媒体内容定位的相关技巧，以帮助运营者找到特定的内容形式，快速实现引流和变现。

1.3.1　怎么用 AI 做新媒体内容定位

使用 AI 进行新媒体内容定位，可以帮助新媒体运营者更精准地

扫码
看视频

把握目标受众的需求，提高内容质量，增强传播效果。以下是利用 AI 进行新媒体内容定位的方法，如图 1-4 所示。

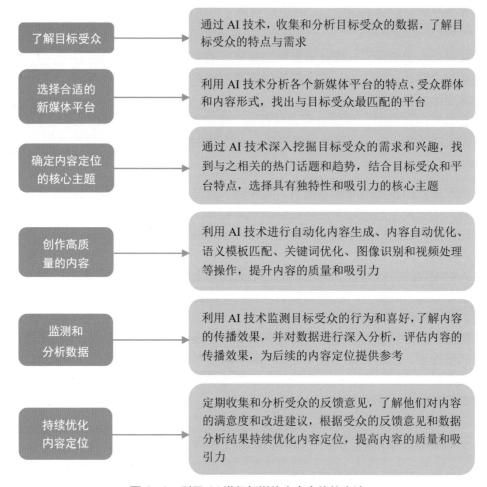

了解目标受众	通过 AI 技术，收集和分析目标受众的数据，了解目标受众的特点与需求
选择合适的新媒体平台	利用 AI 技术分析各个新媒体平台的特点、受众群体和内容形式，找出与目标受众最匹配的平台
确定内容定位的核心主题	通过 AI 技术深入挖掘目标受众的需求和兴趣，找到与之相关的热门话题和趋势，结合目标受众和平台特点，选择具有独特性和吸引力的核心主题
创作高质量的内容	利用 AI 技术进行自动化内容生成、内容自动优化、语义模板匹配、关键词优化、图像识别和视频处理等操作，提升内容的质量和吸引力
监测和分析数据	利用 AI 技术监测目标受众的行为和喜好，了解内容的传播效果，并对数据进行深入分析，评估内容的传播效果，为后续的内容定位提供参考
持续优化内容定位	定期收集和分析受众的反馈意见，了解他们对内容的满意度和改进建议，根据受众的反馈意见和数据分析结果持续优化内容定位，提高内容的质量和吸引力

图 1-4　利用 AI 进行新媒体内容定位的方法

下面以 Kimi 为例，看看如何用 AI 做一个摄影类小红书账号的内容定位。

【关键词】

搜索网络，请告诉我做一个摄影类小红书账号，如何做内容定位，并提供一些示例。

【AI 生成的内容】

要成功运营一个摄影类的小红书账号，你需要精心规划内容定位来吸引目标受众。以下是一些基于网络搜索结果的内容定位策略和示例。

内容定位策略

1. 明确账户定位与目标受众。首先，需要明确你的账号将在小红书上展现什么样的摄影内容，以及你想要吸引哪类摄影爱好者。

2. 专注特定摄影领域。选择一个或几个特定的摄影领域进行深耕，如风光摄影、人像摄影、街头摄影或手机摄影等。

3. 展示专业技能。分享专业的摄影技巧、教程和经验，以建立权威性和信任感。

4. 个性化和差异化。找到自己独特的风格或专长，比如专注于某种摄影类型或后期处理技巧，使你的内容与众不同。

5. 故事叙述。通过摄影作品讲故事，分享拍摄背后的故事或灵感来源，增加内容的情感连接。

6. 高质量内容。确保发布的内容具有很高的质量，无论是图片还是视频，都要保证技术上的精湛和视觉上的吸引力。

7. 定期更新。保持一定的更新频率，定期发布新内容以维持受众的兴趣和参与度。

8. 利用热点。紧跟时事热点或流行趋势，及时发布相关内容以获得更多关注。

9. 教学内容。创建摄影教程，教授摄影、后期制作等技巧，帮助受众提高摄影技能。

10. 展示作品。定期展示自己的摄影作品，并提供作品背后的故事和创作思路。

示例

1. "风光摄影探索"。专注于分享风光摄影作品和技巧，吸引喜欢自然景观摄影的受众。

2. "人像摄影艺术"。展示人像摄影作品，提供拍摄技巧和后期处理教程，吸引对人像摄影感兴趣的用户。

3. "街头摄影故事"。分享街头摄影作品，讲述每张照片背后的小故事，吸引对街头文化感兴趣的受众。

4. "手机摄影技巧"。专注于教授如何使用手机进行摄影创作，吸引广大手机摄影爱好者。

5. "摄影器材评测"。评测和推荐摄影器材，帮助摄影爱好者选择合适的设备。

6. "旅行摄影日志"。结合旅行和摄影，分享旅行中的摄影作品和旅行故事，吸引对旅行摄影感兴趣的受众。

通过上述策略和示例，即可为你的摄影类小红书账号制定一个清晰且富有吸引力的内容定位，从而吸引并维系你的目标受众。需要注意的是，内容的质量和一致性是提高账号吸引力与影响力的关键。

1.3.2 深度挖掘，直击用户痛点

深度挖掘用户痛点是新媒体运营者在新时代中解锁新境界的关键。只有真正站在用户的角度，用心去感受他们的需求和困扰，我们才能创作出真正有价值的内容。

因此，运营者在做内容定位的过程中，要清楚一个非常重要的要素，即这个精准人群有哪些痛点。那么，什么是痛点？挖掘痛点又有什么作用呢？下面将进行具体解读。

1. 什么是痛点

痛点是用户的核心需求，也是新媒体运营者必须着力解决的问题。为了深入理解用户的需求，运营者应该进行细致的市场调研，尤其是采用场景化的描述方法来捕捉这些需求，即将用户的需求置于具体的应用场景之中。痛点其实就是人们日常生活中的各种不便，运营者要善于发现痛点，并提供解决方案。

2. 挖掘痛点有什么作用

找到目标用户的痛点，对于运营者而言，主要有以下两个方面的作用，如图 1-5 所示。

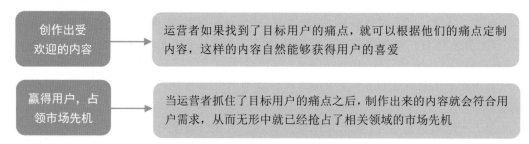

创作出受欢迎的内容	运营者如果找到了目标用户的痛点，就可以根据他们的痛点定制内容，这样的内容自然能够获得用户的喜爱
赢得用户，占领市场先机	当运营者抓住了目标用户的痛点之后，制作出来的内容就会符合用户需求，从而无形中就已经抢占了相关领域的市场先机

图 1-5　找到目标用户痛点的作用

运营者要想打造爆款内容，就需要清楚自己的目标用户最想看的内容是什么，也就是抓住目标用户的痛点，然后就可以根据他们的痛点来生产内容，提供切实的解决方案。

1.3.3 洞察焦点，打造吸睛内容

在洞察用户的过程中，他们所缺乏或热衷的方面往往是最为关键的信息。新媒体运营者的使命便是精准捕捉这些方面的信息，并以此作为内容创作的基石。只有那些真正击中用户需求的焦点内容，才能赢得用户的喜爱与持续关注。只要运营者在内容策划上敢于创新、深挖细节，就无须担忧缺乏用户与流量。

在新媒体内容的呈现过程中，往往只有短暂的瞬间能够触动用户的心弦。运营者必须敏锐地捕捉这些"一见倾心"的时刻，通过精心策划的内容，使用户在短时间内产生强烈的共鸣。无论运营者所在的行业如何，都需要站在用户的角度，以洞察焦点为导向，进行精准的内容定位。将自身的行业经验与用户需求相结合，创作出既专业又贴近用户的内容，这样的内容才是有价值的。

总之，洞察焦点是新媒体运营中的核心环节。只有精准捕捉并充分利用这些焦点，才能打造出真正吸引人的内容，持续赢得用户的喜爱与关注。

1.3.4　制胜法则，让内容脱颖而出

扫码
看视频

在新媒体平台上输出内容是一件非常简单的事情，但是要想输出有价值的内容，获得用户的认可，就有难度了。尤其是如今各种新媒体内容多如牛毛，越来越多的人参与其中。那么，到底如何才能找到适合的内容去输出呢？怎样提升内容的价值呢？下面介绍具体的方法。

1. 选择合适的内容输出形式

在行业中积累了一定的经验，有了足够优质的内容之后，运营者就可以去输出这些内容了。如果你擅长写作，可以写文案；如果你的声音不错，可以通过音频去输出内容；如果你镜头感比较好，则可以去拍一些真人出镜的新媒体内容。选择合适的内容输出形式，通常就可以在较短的时间内成为这个领域中的佼佼者。

2. 持续输出有价值的内容

如今是互联网时代，新媒体内容的输出方式层出不穷，包括图文、音频、直播以及短中长视频等多种形式，它们各自拥有独特的魅力和传播效果，都值得新媒体运营者去探索和尝试。在持续不断地输出有价值的内容时，运营者需要特别注意以下几点。

- 做好内容定位，专注于做垂直细分领域的内容。
- 始终坚持每天创作高质量内容，并保证持续产出。
- 发布比创作更重要，要及时将内容发布到平台上。

如果运营者只关注内容的创作，而不重视内容的输出，那么这些内容就不会被人看到，即使是高质量的内容也无法影响和触动他人。

因此，运营者要根据自己的特点去生产和输出优质内容，最重要的一点就是要持续不断地输出内容，因为只有持续输出优质内容，才有可能建立自己的行业地位，成为所在领域的关键意见领袖。

扫码
看视频

1.3.5 内容甄选，精准定位要求

对于新媒体的内容定位而言，内容最终是为用户服务的，要想让用户关注你，或者给你的内容点赞、转发，你的内容就必须能够满足他们的需求。要做到这一点，运营者的内容定位还需要符合一定的标准，如图 1-6 所示。

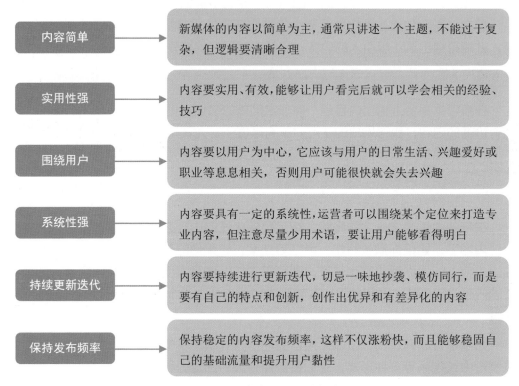

| 内容简单 | 新媒体的内容以简单为主，通常只讲述一个主题，不能过于复杂，但逻辑要清晰合理 |

| 实用性强 | 内容要实用、有效，能够让用户看完后就可以学会相关的经验、技巧 |

| 围绕用户 | 内容要以用户为中心，它应该与用户的日常生活、兴趣爱好或职业等息息相关，否则用户可能很快就会失去兴趣 |

| 系统性强 | 内容要具有一定的系统性，运营者可以围绕某个定位来打造专业内容，但注意尽量少用术语，要让用户能够看得明白 |

| 持续更新迭代 | 内容要持续进行更新迭代，切忌一味地抄袭、模仿同行，而是要有自己的特点和创新，创作出优异和有差异化的内容 |

| 保持发布频率 | 保持稳定的内容发布频率，这样不仅涨粉快，而且能够稳固自己的基础流量和提升用户黏性 |

图 1-6　内容定位的 6 个标准

扫码
看视频

1.3.6 内容布局，细致定位规则

新媒体平台上的大部分爆款内容都是经过运营者精心策划的，因此内容定位是成就爆款内容的重要条件。运营者需要让内容始终围绕定位来进行策划，保证内容的方向不会产生偏差。以短视频的新媒体内容为例，在进行内容定位策划时，运营者需要遵循以下几个规则。

1. 选题有创意

内容的选题尽量独特有创意，同时要建立自己的选题库和标准的工作流程，这不仅能够提高创作效率，而且可以刺激用户产生持续观看的欲望。例如，运营者可以多收集一些热点话题加入选题库中，然后结合这些热点话题来创作内容。

2. 剧情有落差

短视频通常需要在短短几十秒内将大量的信息清晰地叙述出来，因而内容通常都比较紧凑。尽管如此，运营者还是要发挥创意，脑洞大开，剧情要紧凑、跌宕起伏，吸引用户的目光。

3. 内容有价值

不管是哪种内容，都要尽量给用户带来价值，让用户觉得值得为你付出时间成本来看完你的内容。例如，制作搞笑类的短视频，就需要能够给用户带来快乐；制作美食类的短视频，就需要让用户产生食欲，或者让他们有实践的想法。

4. 情感有对比

内容可以源于生活，采用一些简单的拍摄手法，展现生活中的真情实感，同时加入一些情感的对比，这种内容反而更容易打动用户，主动带动用户的情绪和气氛。例如，在拍摄一段关于家人重逢的温馨视频内容时，运营者可以着重表现情感的细腻变化。首先，可以将镜头近距离地聚焦在每个人脸的泪痕上，细腻捕捉这份久别重逢的激动与感动；随后，镜头缓缓拉远，展现出他们在泪水之后绽放出的温暖笑容。

5. 时间有把控

运营者需要合理地安排短视频的时间节奏。例如，抖音默认的短视频拍摄时间为 15 秒，因为这个时长的短视频最受用户喜欢，短于 7 秒的短视频不会得到系统推荐，而长于 30 秒的短视频用户很难坚持看完。

1.4 定位策略：引领未来方向

新媒体运营者在尝试运营新媒体账号时，首先需要做的就是通过定位来确定运营主题，为内容发布指明方向。那么，如何进行定位呢？本节将介绍具体的新媒体定位策略，可从以下两个方面来思考。

1.4.1 找到专长，让账号更具魅力

扫码
看视频

对于自身具有专长的人群来说，根据自身专长做定位是一种最为直接和有效的定位方法。新媒体运营者只需对自己或团队成员进行分析，然后选择某个或某几个专长制作内容，进行账号定位即可。

为什么要选取相关特长作为自己的定位？如果你今天分享视频营销，明天分享社群营销，那么关注社群营销的人可能会取消对你的关注，因为你分享的视频营销他不喜欢，反之亦然。在这种情况下，账号"掉粉率"会比较高。运营者要牢记，

账号定位越精准，用户质量越高，获得的精准流量就越多，变现也就越轻松。

例如，某运营者是一位拥有动人嗓音的歌手，她将自己的账号定位为音乐作品分享类账号，并通过该账号重点分享自己的原创歌曲和当下的一些热门歌曲。

又如，某运营者擅长舞蹈，还拥有令人赞叹的曼妙舞姿。因此，她将自己的抖音账号定位为舞蹈教学分享类账号。在这个账号中，该运营者分享了大量舞蹈教学类短视频，这些作品让她快速积累了大量用户。

自身专长包含的范围很广，除了唱歌、跳舞等才艺外，还包括绘画、书法和演奏等。因此，若运营者或其团队成员拥有专长，并根据专长打造内容，而发布的相关内容又比较受欢迎，那么将该专长作为账号的定位，便是一种不错的定位方法。

在新媒体账号的运营中，如果能够明确用户群体，做好用户定位，并针对主要的用户群体进行营销，那么运营者生产的内容将更具有针对性，从而对主要用户群体产生更强的吸引力。

1.4.2 深度解析，洞察用户心声

通常来说，用户需求大的内容会更容易受到欢迎。因此，结合用户的需求和自身专长进行定位，也是一种不错的定位方法。

大多数女性都有化妆的习惯，但又觉得自己的化妆水平不高。因此，这些女性通常都会对美妆类内容比较关注。在这种情况下，新媒体运营者如果对美妆方面比较了解，那么将账号定位为美妆类账号就比较合适了。

例如，某运营者是入驻快手等多个平台的美妆博主，发现许多抖音用户对美妆类内容颇感兴趣。因此，该运营者入驻抖音平台之后，便将账号定位为美妆类账号，并在账号中持续为用户分享美妆类的内容。

许多用户，尤其是比较喜欢做菜的用户，通常都会从新媒体平台上寻找一些新菜肴的制作方法。因此，如果运营者自身就是厨师，或者会做的菜肴相对比较多，或者特别喜欢制作美食，那么运营者可以将账号定位为美食制作分享类账号，这是一种很好的定位方法。

例如，某运营者将自己的抖音账号定位为美食制作分享类账号，并在该账号中通过视频将一道道菜色从选材到制作的过程进行全面呈现。因为该视频将制作过程进行了详细展示，再加上许多菜肴都是用户想要亲手制作的，所以其发布的视频内容轻松获得了很高的播放量和点赞量。

专家提醒

运营者要特别关注细节，重视情感因素。用户的真实需求往往就隐藏在细节之中，基于此创作的内容更能打动用户。

本 章 小 结

本章详细阐述了在新媒体时代如何借助 AI 技术实现精准定位，从而轻松打造爆款新媒体账号，具体内容包括 AI 新媒体的定义和特点、定位关键点和技巧，以及如何做好新媒体内容定位，最后提出了两个具体的定位策略。通过本章内容的学习，读者可以有效掌握新媒体账号定位的技巧，通过精准定位和内容创新，结合 AI 技术优势，轻松打造爆款新媒体账号。

课 后 习 题

鉴于本章知识的重要性，为了帮助读者更好地掌握所学知识，下面通过课后习题，帮助读者进行简单的知识回顾和补充。

1. 请简述一下 AI 技术在新媒体内容分发中的作用，并举例说明它是如何提升用户体验的。

2. 请描述一下如何使用 AI 技术进行新媒体内容定位，并给出具体步骤和策略。

第 2 章

标题文案，AI 打造爆款提升点击率

标题文案之于文案，就如同服装对于人的形象一样，它们都是给人留下第一印象的关键。因此，运营者若想通过文案来迅速吸引用户的眼球，可以着力打造新媒体标题文案，运用 AI 生成标题文案是不错的选择。

2.1 新媒体标题文案的关键词编写技巧

使用 AI 工具生成新媒体标题文案时需要我们给出相应的关键词,给予 AI 一定的提示。关键词越清晰、具体,我们越能够获得所期待的答案。本节以文心一言为例,介绍一些关键词的编写原则、技巧和注意事项,旨在帮助大家建立新媒体标题文案的关键词知识体系。

2.1.1 黄金准则:关键词的编写原则

扫码
看视频

文心一言是一款对话聊天形式的 AI 模型。为了获得有效的回复,需要我们与 AI 建立清晰、交互式的沟通,通过文心一言获得标题文案也是如此。在要求 AI 生成标题文案之前,我们可以先了解一些能够使 AI 理解的关键词编写原则。

1. 语言明晰

语言明晰是人与人之间进行沟通的第一要义。我们在与 AI 沟通的时候也一样,应该准确地表达语义,避免使用一些模棱两可或有歧义的语言。下面通过举例对语言明晰原则进行说明。

【关键词】

请提供一些小红书风格的标题文案

【AI 生成的内容】

小红书上的标题文案通常都很简短、吸引人,并且能迅速吸引用户眼球。以下是一些小红书风格的标题文案示例。

1. 绝美新色! 口红控必入的神仙色号!

2. 显瘦穿搭秘诀,秒变长腿女神!

3. 私藏宝藏店铺,高颜值好物大公开!

4. 甜蜜暴击! 那些让你欲罢不能的甜品店!

5. 平价护肤好物,学生党也能轻松 get!

6. 逆袭变美大法,让你秒变颜值担当!

……

在上面的案例中,关键词"小红书风格"准确地传达了我们要获取的文案类型,即符合小红书平台特色和用户喜好的标题文案;"标题文案"这个词组直接明了地说明了我们想要的是用于标题的文案,而非其他类型的文案(如正文、广告词等)。

2. 简明扼要

这里所说的简明扼要,一方面是指用语简洁,但不限于字数的要求,能够让 AI 理解并给予回应即可;另一方面是指提示简单,尽量不使用符号或切线,确保 AI

能够准确理解关键词。下面是相关的案例。

【关键词】

请为"美丽长沙"抖音视频提供标题文案参考

【AI生成的内容】

以下是为"美丽长沙"抖音视频提供的一些标题文案示例。

1. 绝美长沙，每一帧都是画！

2. 醉美长沙，风景如画等你来。

3. 长沙夜色，美到令人心动！

4. 漫步长沙，感受千年古城的韵味。

5. 长沙日出，开启美好一天！

6. 长沙美食，味道让你停不下来！

7. 长沙故事多，等你来发掘。

8. 长沙风情，舞动湘江之美。

9. 记录长沙，留下你的美好瞬间。

这些标题文案旨在展现长沙的自然美景、人文历史、美食特色以及城市的活力与魅力，希望它们能够激发观众对长沙的兴趣，并吸引他们观看你的抖音视频。

3. 关联需求

文心一言虽然能够进行连续性的回复，但其生成的答案还是属于直线式的，即一个提问对应一个答案。因此，我们在编写关键词时，要注意紧扣自己的需求，尽量不要引入不相关的话题，以免分散 AI 的注意力。下面是一个体现关联需求原则的关键词提问的相关案例。

【关键词】

请为抖音美食视频写一些用于宣传的标题文案，字数均等，像"好吃，快做起来"这种太直白的就不行

【AI生成的内容】

以下是一些用于抖音美食视频宣传的标题文案，既符合字数均等的要求，又具有一定的创意和吸引力。

1. 舌尖盛宴，味觉狂欢

2. 美味秘境，等你探索

3. 料理魔法，味蕾舞蹈

4. 饕餮时光，美食相伴

5. 风味之旅，味蕾之约

6. 食材碰撞，味蕾绽放

……

2.1.2　独门秘技：关键词的编写技巧

   扫码
看视频

在新媒体标题文案中，关键词的选择和运用是吸引用户注意力的关键，接下来介绍几点编写关键词的技巧。

1. 明确目的

在向 AI 提问或者编写关键词之前，我们需要先明确自己的目的是什么，清楚地知道自己想要 AI 为我们提供什么，是提供咨询、提出解决方法，还是随意交谈。如果我们想要 AI 提供新媒体标题文案，那么"提供新媒体标题文案"就是我们编写关键词的目的。

2. 具体描述

在明确了目的之后，我们可以围绕目的进行具体的语言描述，以确保 AI 能够理解并给予回应。例如，在明确了目的是让 AI "提供新媒体标题文案"之后，我们再添加具体的描述为"给我 10 个有关摄影领域的短视频标题文案"，在 AI 中就能获得相应的回复。具体内容如下。

【关键词】

给我 10 个有关摄影领域的短视频标题文案

【AI 生成的内容】

以下是 10 个有关摄影领域的短视频标题文案，旨在吸引观众对摄影内容产生兴趣。

1. 镜头下的魔法：揭秘摄影的无限可能
2. 光影之旅：带你走进摄影的奇妙世界
3. 构图艺术：打造令人惊叹的摄影作品
4. 摄影技巧大公开：轻松拍出专业感
5. 瞬间永恒：捕捉生活中的美好瞬间
6. 摄影眼养成记：如何发现身边的美丽

……

3. 善于引导

在与 AI 对话时，对于有意义的话题，我们可以适当引导或鼓励 AI 提供更深入的信息或深入研究某个主题。下面是两个相应的 AI 文案案例。

【关键词】

提供 5 个小红书风格的穿搭文案标题建议

【AI 生成的内容】

以下是 5 个小红书风格的穿搭文案标题建议。

1.潮流前线！春季新款穿搭，秒变时尚

解释：使用了流行的表情符号和流行语，突出了春季新款穿搭的时尚感。

2.春日限定！温柔甜美系穿搭，撩人指数爆表

解释：强调了春日限定的温柔甜美风格，用"撩人指数爆表"来吸引读者点击浏览。

3.通勤也能潮！职场穿搭新选择，秒变职场精英

解释：针对职场人士，提出了通勤也能潮的穿搭理念，强调职场穿搭的新选择。

4.撞色新玩法！夏日活力穿搭，让你成为街头焦点

解释：介绍了夏日活力穿搭的撞色新玩法，突出个性与时尚感。

5.复古风潮再起！秋冬复古穿搭，让你秒回 90 年代

解释：结合了复古风和秋冬穿搭，营造出怀旧而时尚的氛围。

【关键词】

我觉得你说的"撞色新玩法！夏日活力穿搭,让你成为街头焦点"这个标题不错,可以再列举一些类似的标题吗？

【AI 生成的内容】

以下是一些类似的、充满活力和创意的小红书风格穿搭文案标题建议。

1.色彩大爆炸！夏日撞色穿搭，打造个性潮流新风尚

解释：突出了撞色穿搭的鲜明特点，用"色彩大爆炸"和"新风尚"来吸引读者的注意。

2.街头潮范！夏日活力配色穿搭，做最靓的仔

解释：强调了"街头潮范"和"活力配色"，用"做最靓的仔"来增强读者的共鸣和点击欲望。

3.色彩狂欢！夏日清新撞色穿搭，引领时尚新潮流

解释：用"色彩狂欢"和"引领时尚新潮流"来形容撞色穿搭的魅力和影响力。

4.缤纷夏日！撞色穿搭小技巧，秒变时尚达人

解释：强调了撞色穿搭的小技巧，让读者觉得掌握这些技巧就能成为时尚达人。

5.撞色新潮流！夏日出街穿搭，回头率百分百

解释：用"撞色新潮流"来吸引时尚爱好者，同时强调夏日出街穿搭的高回头率。

4. 把控对话方向

在与 AI 对话的过程中，我们需要把控对话的方向。如果对话偏离主题，我们可以通过增加关键词或重新提问等方式将对话引导至正轨上，如"那应该怎么做呢？""具体是什么呢？"等，多用一些引导句式，实时调整对话内容。相关的 AI 标题文案示例如下。

【关键词】

打造新媒体标题文案有什么技巧吗？

【AI 生成的内容】

在打造新媒体标题文案时，有几个关键的技巧可以帮助你吸引读者的注意力并提高点击率。以下是一些建议。

1. 简洁明了。确保标题简洁并直接传达核心内容。避免冗长和复杂的句子结构，尽量用简洁的语言概括文章或内容的核心点。

2. 突出亮点。标题应该突出文章或内容的亮点或独特之处，让读者一眼就能看出你的内容与众不同。这可以通过使用引人注目的词语、强调特定信息或使用独特的表达方式来实现。

3. 利用数字。数字在标题中具有很强的吸引力。使用数字可以突出文章中的特定事实、数据或步骤，并给读者一种直观的感受。例如，"5 个简单步骤教你如何……"或"10 个你必须知道的……"等。

4. 制造悬念。通过制造悬念来激发读者的好奇心和兴趣。你可以使用问句、悬念性的陈述或留下一些未解之谜来引导读者点击并阅读你的内容。

5. 强调情感因素。将情感因素融入标题中，以激发读者的共鸣和兴趣。例如，使用具有感染力的词语、描述性的语言或情感化的故事来吸引读者的注意力。

【关键词】

如果在新媒体标题文案中加入一些悬念、对比等表现手法，具体如何打造呢？

【AI 生成的内容】

当在新媒体标题文案中加入悬念和对比等表现手法时，可以采用以下具体方法来打造吸引人的标题。

一、加入悬念的表现手法

1. 提问法。通过提出一个引人思考的问题，激发读者的好奇心，让他们想要点击文章寻找答案。例如，"你知道吗？这个习惯竟然能让你更健康！"

2. 开放式问题。使用问句形式引出一个问题，让读者在未点击文章前无法得知答案，从而产生好奇心和求知欲。例如，"为什么这个产品突然火了？背后的原因竟然是这样！"

3. 挑战读者思维。提出一个看似不可能完成的任务或问题，挑战读者的思维极限，让他们想要点击文章了解详情。例如，"你能在 10 分钟内学会这个技能吗？点进来看！"

二、加入对比的表现手法

1. 时间对比。通过对比不同时间点的变化或事件，制造强烈的反差感。例如，"从无人问津到火爆全网，这个产品只用了 3 个月！"

2. 立场对比。选取立场截然相反的双方做对比，制造冲突感。例如，"一边是热爱环保的志愿者，一边是污染环境的工厂主，他们之间的故事令人震惊！"

3. 数字对比。使用具体数字进行对比，强调差异或突出变化。例如，"只需 10 元，你就能拥有这款原价为 100 元的产品！"

运用这些方法和技巧，你就可以打造出既具有对比又充满悬念的新媒体标题，吸引更多读者点击并阅读你的文章。

5. 注意语气

为确保沟通顺畅，我们在与 AI 进行对话时，应使用专业语言，保持尊重的语气，尽量不要使用过于随意的语气或带有冒犯性的语言。

2.1.3 避坑指南：使用关键词的注意事项

扫码
看视频

了解关键词的编写原则，掌握关键词的编写技巧，以及知晓一些使用关键词的注意事项，恰当的关键词可以提升 AI 的理解程度，提高运用 AI 的效率，从而使我们与 AI 的对话更高效和有意义。下面将介绍一些使用关键词的注意事项，如图 2-1 所示。

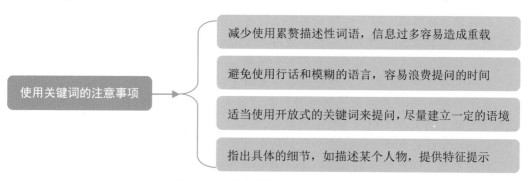

使用关键词的注意事项

- 减少使用累赘描述性词语，信息过多容易造成重载
- 避免使用行话和模糊的语言，容易浪费提问的时间
- 适当使用开放式的关键词来提问，尽量建立一定的语境
- 指出具体的细节，如描述某个人物，提供特征提示

图 2-1　使用关键词的注意事项

我们在没有规避上述错误的情形下向其提问，可能就会出现 AI 因不理解关键词、不熟悉行话、不遵循约束等，而生成不相关、重复性或一般性的回复。

2.2　AI 生成 7 种标题文案的方法

与作文类似，新媒体标题文案也可以从写作结构上进行划分，包括悬念式、对比式、新闻式、隐喻式、数字式、借势式和观点式等类型。本节将介绍运用 AI 生成不同类型的新媒体标题文案的方法。

2.2.1　用 AI 生成悬念式标题文案

悬念式标题文案是一种新媒体文案写作技巧，它通过在标题中设置一个问题或发起挑战，激发用户的好奇心和兴趣，从而促使他们阅读文章或观看视频。我们可以在 AI 中输入关键词，以引导 AI 生成悬念式新媒体标题文案。

首先，我们需要明确提问目的，即让 AI 生成悬念式新媒体标题文案。其次，添加具体的描述，如在文心一言的输入框中输入"提供以摄影为主题的悬念式新媒体标题文案"关键词描述。然后，单击输入框右侧的"发送"按钮 或按 Enter 键，AI 即可根据要求生成悬念式新媒体标题文案。具体内容如下。

【关键词】

提供以摄影为主题的悬念式新媒体标题文案

【AI 生成的内容】

以下是一些以摄影为主题的悬念式新媒体标题文案。

1. 揭秘！这张获奖照片背后的故事竟然如此震撼人心！

这个标题通过"揭秘"和"竟然如此震撼人心"这样的词语和语句，制造了悬念，让读者想要了解照片背后的故事。

2. 当镜头对准这个瞬间，你猜发生了什么？绝对超乎你的想象！

通过"你猜发生了什么？"和"绝对超乎你的想象"这样的表述，激发读者的好奇心，使他们想要点击文章查看照片和故事。

3. 一张看似普通的照片，竟隐藏着惊天秘密？真相即将揭晓！

这个标题利用"看似普通的照片"和"惊天秘密"之间的反差，制造了悬念，让读者想要点击文章了解照片背后的故事。

4. 相机背后的故事：这位摄影师如何在困境中捕捉到生命中的美好？

标题中的"相机背后的故事"和"在困境中捕捉到生命中的美好"都是吸引读者兴趣的点，使他们想要了解摄影师在拍摄过程中遇到的挑战和克服困难的过程。

需要注意的是，如果运营者使用的是 ChatGPT，当 AI 给出英文回复时，可以进一步输入关键词"将'提供以摄影为主题的悬念式新媒体标题文案'用中文表述"，从而引导 AI 生成中文回复。

2.2.2　用 AI 生成对比式标题文案

对比式标题文案是一种在标题中加入对比的文案写作技巧，通过对比不同事物或事件之间的差异，让用户快速了解文章的主要内容。

例如，我们在明确了提问目的的情况下，可以在文心一言的输入框中输入具体的关键词描述，如"为一篇关于选择相机技巧的今日头条文章提供对比式标题文案"。然后单击输入框右侧的"发送"按钮或按 Enter 键，AI 即可根据要求生成对比式标题文案。具体内容如下。

【关键词】

为一篇关于选择相机技巧的今日头条文章提供对比式标题文案

【AI 生成的内容】

以下是为一篇关于选择相机技巧的今日头条文章提供的对比式标题文案。

1.新手对比老鸟。选择相机的五大关键技巧，别再被忽悠了！

这个标题通过对比新手和老鸟在选择相机时的差异，突出了文章将揭示的关键技巧，并带有一定的警示意味，吸引读者点击阅读。

2.单反对比微单。不同需求下的相机选择攻略，你更适合哪一种？

此标题对比了单反相机和微单相机，突出了两者之间的区别，并引导读者思考自己更适合哪种类型的相机。

3.画质对比便携性。相机选择的双重标准，如何找到最佳平衡点？

此标题通过对比画质和便携性这两个选择相机时的重要标准，引发读者对如何找到最佳平衡点的兴趣。

4.专业对比入门。不同级别相机选择指南，教你如何一步到位！

此标题对比了专业级相机和入门级相机，强调了选择适合自己水平的相机的重要性，并暗示文章将提供一步到位的选择指南。

5.性能对比价格。如何在预算内选到高性价比的相机？一文告诉你答案！

此标题对比了性能和价格这两个选择相机时的重要考虑因素，并承诺在文章中提供如何在预算内选到高性价比相机的答案。

我们也可以在输入框中输入"为一个记录生活 Vlog 提供对比式标题文案"关键词，引导 AI 生成适合于短视频的对比式标题文案。具体内容如下。

【关键词】

为一个记录生活 Vlog 提供对比式标题文案

【AI 生成的内容】

为一个记录生活 Vlog 提供对比式标题文案，以下是一些建议。

1. 城市喧嚣对比乡村宁静。我的双重生活体验 Vlog

这个标题通过对比城市与乡村两种截然不同的生活状态，激发观众对 Vlog 内容的好奇心。

2. 过去对比现在。时光里的我，Vlog 记录生活变迁

此标题利用时间对比，展示了 Vlog 作者的生活变迁，引导观众一同回顾与反思。

3. 繁忙工作日对比悠闲周末。我的一周生活全记录 Vlog

此标题通过对比工作日与周末的生活节奏，展现 Vlog 作者在不同时间段的真实生活状态。

4. 梦想对比现实。我的追梦生活 Vlog，记录每一步成长

此标题通过对比梦想与现实，展现了 Vlog 作者为实现梦想所付出的努力与坚持。

5. 独处对比聚会。我的生活两重天，Vlog 带你领略

此标题对比了独处与聚会两种不同的社交状态，展现作者在两种场景下的不同生活面貌。

2.2.3 用 AI 生成新闻式标题文案

新闻式标题文案的基本写作原则是简短、精悍、吸睛，能够起到概括文章中心思想和吸引用户阅读兴趣的作用。下面将介绍引导 AI 生成新闻式标题文案的相关技巧。

我们需要为 AI 设置对话前提，在输入框中输入"新闻式标题文案是什么"关键词，AI 即会生成对应的回复。需要注意的是，我们应确保 AI 对新闻式标题文案有一定的认识。具体内容如下。

【关键词】

新闻式标题文案是什么

【AI 生成的内容】

新闻式标题文案是新闻报道中用于概括新闻内容、吸引读者注意力并激发其阅读兴趣的简短文字。它通常具有以下几个特点。

1. 客观性。新闻式标题文案力求客观地反映新闻事实，避免使用主观或煽动性的语言。

2. 简洁性。由于标题需要在有限的字数内传达信息，因此新闻式标题文案通常简洁明了，旨在用最少的文字传达最重要的信息。

3. 准确性。标题必须准确反映新闻内容，不能夸大其词或误导读者。

4. 吸引力。为吸引读者注意力，新闻式标题文案会采用一些技巧，如设置悬念、突出热点等。

5. 信息性。标题应包含新闻的核心信息，让读者能够迅速了解新闻的主要内容。

新闻式标题文案的编写需要遵循一定的新闻写作规范和原则，以确保其客观、

准确、简洁和具有吸引力。在编写过程中，编辑和记者需要仔细研究新闻内容，提炼出最重要的信息，并用简洁明了的语言表达出来。

新闻式标题文案广泛应用于各类新闻媒体，包括报纸、杂志、电视、网络等。通过精心编写的新闻式标题文案，媒体可以有效地传达新闻信息，引导舆论，增强新闻的传播效果。

接下来，在同一个对话窗口中输入"写出 5 个有关苏州美食纪录片的新闻式标题文案"关键词描述，AI 会根据关键词生成新闻式标题文案。具体内容如下。

【关键词】

写出 5 个有关苏州美食纪录片的新闻式标题文案

【AI 生成的内容】

以下是 5 个关于苏州美食纪录片的新闻式标题文案。

1.《苏州美食探秘》纪录片上线，带你品味江南水乡的味蕾之旅

这个标题突出纪录片将带领观众品味苏州美食的主题，同时强调苏州作为江南水乡的特色。

2. 苏州美食纪录片热播，揭秘千年古城的舌尖传奇

此标题中使用"热播"和"舌尖传奇"等词语，既突出了纪录片的热度，也强调了苏州美食的历史和文化背景。

3.《味遇苏州》纪录片发布，细品苏州美食的独特韵味

通过"味遇苏州"的表述，标题传达了与苏州美食的邂逅之意，同时强调苏州美食的独特韵味。

4. 纪录片《苏州食光》带你穿越时光，品味传统与现代美食的交融

此标题中的"苏州食光"寓意着苏州的美食时光，标题同时突出了传统美食与现代美食的交融，引发观众的好奇心。

5.《寻味苏州》纪录片热播，探寻苏州美食背后的故事与文化

此标题中"寻味苏州"强调了探寻美食的主题，同时指出了纪录片将深入挖掘苏州美食背后的故事和文化。

2.2.4　用 AI 生成隐喻式标题文案

隐喻式标题文案是指在新媒体标题中融入隐喻手法的文案写作技巧，这种标题文案能够生动形象地吸引读者的眼球，并使其产生情感共鸣。例如，用隐喻式标题文案来写一个关于如何提高个人品牌价值的新媒体标题文案，可以这样写："你就是一颗璀璨的钻石，只等着被发现和打磨"。用"钻石"比喻个人价值的实现，既生动形象，又能够直击人心。

运用 AI 能够快速生成隐喻式标题文案。首先，在输入框中输入具体的需求，如

输入"为甜品店的线上开业活动宣传提供隐喻式标题文案"关键词描述。其次，单击输入框右侧的"发送"按钮 或按 Enter 键，AI 即可根据要求生成隐喻式标题文案。具体内容如下。

【关键词】

为甜品店的线上开业活动宣传提供隐喻式标题文案

【AI 生成的内容】

以下是为甜品店线上开业活动宣传提供的隐喻式标题文案。

1. 甜蜜启航，云端甜品盛宴等你来尝！

隐喻：将线上开业比作启航的旅程，暗示店铺正式踏入网络世界的新征程，同时突出甜品的丰富与美味。

2. 味蕾上的彩虹桥，连接你我甜蜜时光！

隐喻：将甜品比作味蕾上的彩虹桥，连接顾客与店铺的甜蜜时光，营造温馨而美好的氛围。

3. 甜蜜云端，每一口都是幸福的约定！

隐喻：将线上甜品店比作云端之上的甜蜜世界，每一口甜品都是与顾客之间的幸福约定。

4. 甜蜜风暴来袭，线上甜品店盛大开业！

隐喻：用"风暴"来形容甜品的魅力，暗示店铺开业将引发一场甜蜜的风暴，吸引大量顾客。

5. 糖果星球等你来探，线上甜品店梦幻启幕！

隐喻：将线上甜品店比作梦幻的糖果星球，吸引顾客前来探索和体验各种美味的甜品。

若是觉得 AI 生成的回复过于大众化，想要更有甜蜜感或可爱一点的标题文案，则可以在 AI 的输入框中继续输入关键词描述"更甜蜜、可爱一点"，AI 将继续响应。具体内容如下。

【关键词】

更甜蜜、可爱一点

【AI 生成的内容】

以下是一些更甜蜜、可爱一点的隐喻式标题文案。

1. 甜蜜星球降临，线上甜品店萌动开业！

用"甜蜜星球"和"萌动开业"营造出一种可爱又梦幻的氛围，吸引喜欢甜食的顾客。

2. 云上甜品屋，甜到心里的小确幸！

将甜品店比喻为云上的小屋，给人一种轻盈、梦幻的感觉。同时"小确幸"也传达了甜品店带来的微小而确定的幸福。

3. 糖果梦境开启，线上甜品屋甜蜜上线！

"糖果梦境"和"甜蜜上线"都充满了甜美与梦幻的感觉，让人忍不住想要一探究竟。

4. 甜蜜魔法屋，线上甜品店萌趣开张！

"魔法屋"和"萌趣开张"都带有一种可爱与神秘的气息，让人感受到甜品店的独特魅力。

5. 甜点乐园等你来，线上甜品店甜蜜启航！

"甜点乐园"和"甜蜜启航"都让人联想到欢乐与美好的场景，让人对甜品店充满期待。

2.2.5 用 AI 生成数字式标题文案

数字式标题文案，顾名思义，是一种在新媒体标题中融入数字的文案写作技巧。这类标题文案通过数字的直观性，能够更加直观、有说服力地展现文章或视频的核心内容，满足人们快节奏、泛娱乐化的需求。在 AI 的输入框中输入恰当的关键词，我们同样能够获得具有参考价值的数字式标题文案。

例如，在 AI 的输入框中输入"数字式标题文案是什么"关键词描述，AI 生成的具体内容如下。

【关键词】

数字式标题文案是什么

【AI 生成的内容】

数字式标题文案是一种标题写作手法，它通过在标题中嵌入数字来吸引读者的注意力，并快速传达信息。数字式标题文案通常利用数字的直观性和易记性，突出文章的主题或关键点，让读者在瞬间对内容产生兴趣。

数字式标题文案的优点如下。

1. 吸引注意力。数字具有独特的视觉冲击力，能够在众多信息中脱颖而出，吸引读者的目光。

2. 明确具体。数字能够具体量化文章的内容，让读者更直观地了解文章的主要信息。

3. 易于记忆。数字比文字更容易被记住，读者在阅读后更容易回忆起文章的主题或关键点。

以下是一些数字式标题文案的示例。

1. 5 个高效时间管理技巧，让你事半功倍！

2. 10 种健康饮食习惯，助你拥有健康体魄！

3. 3 分钟学会制作美味比萨，超简单！

4. 7 大旅行必备神器，让你的旅途更轻松！

5. 2024 年最新科技趋势，你了解多少？

这些标题都通过嵌入数字来突出文章的主题或关键点，让读者能够快速了解文章的内容并产生阅读兴趣。当然，在使用数字式标题文案时，也需要注意数字的准确性和合理性，避免误导读者或产生负面影响。

在同一对话窗口中输入具体的关键词描述，如"提供 6 个数字式标题文案，是关于宣传小红书的"，得到的回复如下。

【关键词】

提供 6 个数字式标题文案，是关于宣传小红书的

【AI 生成的内容】

以下是 6 个关于宣传小红书的数字式标题文案。

1. 小红书用户破亿！揭秘最受欢迎的美妆秘技

2. 1000 ＋爆款笔记，小红书上的时尚达人都在这里！

3. 2024 年小红书必追榜单 TOP10，你种草了吗？

4. 小红书上的 5 大旅行攻略，让你玩转全球！

5. 教你 3 步成为小红书美妆达人，从此不再踩雷！

6. 小红书用户分享：10 个让你秒变厨神的菜谱！

另外，我们还可以给 AI 提供数字式标题文案范例，让其模仿范例来生成数字式标题文案，如输入"抖音短视频中的数字式标题文案风格通常为'25 岁之前，你应该明白这些道理''10 套适合小个子穿的裙子，你更喜欢哪套呢''90％ 的人不知道抖音这个功能''6 个方法让你成为 P 图高手'。请模仿上述风格，为传授时间管理技巧的短视频提供标题文案参考"关键词描述，得到的回复如下。

【关键词】

抖音短视频中的数字式标题文案风格通常为"25 岁之前，你应该明白这些道理""10 套适合小个子穿的裙子，你更喜欢哪套呢""90％ 的人不知道抖音这个功能""6 个方法让你成为 P 图高手"。请模仿上述风格，为传授时间管理技巧的短视频提供标题文案参考

【AI 生成的内容】

当为传授时间管理技巧的短视频提供标题文案参考时，我们可以模仿抖音中流行的数字式标题风格。以下是一些建议。

1. 20 分钟掌握时间管理精髓，让你效率翻倍！

这个标题通过强调"20 分钟"这个时间长度，吸引观众点击观看，同时承诺传授时间管理的精髓，提高效率。

2.5 个时间管理小技巧，助你告别拖延症！

此标题中的"5 个"小技巧强调了内容的实用性，同时"告别拖延症"直接触及了观众可能面临的问题，增加吸引力。

3. 80% 的人不知道的时间管理神器，让你事半功倍！

这个标题利用"80% 的人不知道"来营造一种新奇感，同时"时间管理神器"和"事半功倍"的承诺，让人对视频内容充满期待。

2.2.6　用 AI 生成借势式标题文案

借势式标题文案主要是指借助热点事件、热点人物、热点元素的热度来创作标题文案的技巧。用户在 AI 的输入框中输入恰当的关键词，能够快速获得借势式标题文案参考。

在 AI 的输入框中输入"借势式标题文案主要是指借助热点事件、热点人物、热点元素的热度来创作标题文案的技巧。请提供几种抖音风格的借势式标题文案"关键词描述，可以得到借势式标题文案的模板。具体内容如下。

【关键词】

借势式标题文案主要是指借助热点事件、热点人物、热点元素的热度来创作标题文案的技巧。请提供几种抖音风格的借势式标题文案

【AI 生成的内容】

以下是几种抖音风格的借势式标题文案，它们借用了热点事件、热点人物或热点元素的热度来吸引观众。

1.《×××》热播，这些穿搭小技巧你 get 了吗？

借用热门电视剧或综艺节目的热度，引导观众关注与之相关的穿搭技巧。

2. 当 ××× 遇上 ×××，你站哪一对 CP（情侣配对）？

借用热门影视作品中的 CP 热度，引导观众参与讨论和投票。

3. ××× 同款妆容教程，你也能成为美妆达人！

借用热门明星或网红的妆容热度，提供同款妆容的教程，吸引美妆爱好者。

4. 奥运冠军 ××× 的日常训练，你能坚持几秒？

借用奥运会或体育赛事中明星运动员的热度，展示他们的日常训练强度，吸引体育迷。

5. 破圈神曲《×××》来袭，快来学跳舞！

借用热门歌曲或音乐视频的热度，鼓励观众学习相关的舞蹈动作。

6. 跟着 ××× 学穿搭，秒变时尚达人！

借用时尚博主或明星的穿搭风格，提供相关的穿搭教程和灵感。

列举具体的热点条件，让 AI 结合热点条件生成标题文案，如输入"端午节临近，请结合端午节的热度，提供适合短视频的标题文案参考"关键词描述。具体内容如下。

【关键词】

端午节临近，请结合端午节的热度，提供适合短视频的标题文案参考

【AI 生成的内容】

当端午节临近时，为了吸引观众的注意并激发他们对这个传统节日的兴趣，以下是一些适合短视频的标题文案参考。

1.端午将至，粽香四溢，你的家乡味是哪种？

风格：亲切怀旧，唤起观众对家乡端午习俗的回忆。

2.端午节必做！手把手教你包粽子，吃货必看！

风格：实用教学，吸引想要学习包粽子技巧的观众。

3.龙舟竞渡，端午最燃瞬间！

风格：激情热血，展示龙舟比赛的激烈和热情。

4.端午习俗大揭秘，你知道多少？

风格：知识科普，向观众介绍端午节的传统习俗和故事。

5.端午回忆杀！那些年我们一起吃过的粽子

风格：怀旧复古，触动观众对童年端午节的回忆。

6.创新粽子大赏，吃货们快来围观！

风格：创新，充满趣味，展示各种新奇有趣的粽子口味和做法。

2.2.7 用 AI 生成观点式标题文案

扫码
看视频

观点式标题文案是指在标题中融入表达者观点的文案写作技巧。这类标题文案要求观点鲜明、独树一帜，能够迅速吸引用户的关注。观点式标题文案常作为说理性较强的文章或短视频的标题。我们运用 AI 也能够快速获得观点式标题文案参考，具体的生成方式如下。

在 AI 的输入框中输入"观点式标题文案是什么"关键词描述，可以得到关于这类文案的释义。具体内容如下。

【关键词】

观点式标题文案是什么

【AI 生成的内容】

观点式标题文案是一种在标题中直接表达作者观点、立场或看法的文案风格。这种标题文案的特点在于其明确性、直接性和引导性，能够迅速吸引读者的注意力并激发他们的阅读兴趣。以下是对观点式标题文案的详细解释和归纳。

一、定义和特点

观点式标题文案是通过在标题中明确表达作者的观点、立场或看法来吸引读者

注意力的文案。它通常包含以下几个特点。

1. 明确性。标题直接、清晰地表达了作者的观点，没有模糊或含糊之处。

2. 直接性。标题直接点明主题，不绕弯子，不拖泥带水。

3. 引导性。标题通过表达作者的观点，引导读者对文章内容的关注和思考。

二、表现形式

观点式标题文案主要有以下几种表现形式。

1. 对策、手段、方法+主题词。这种形式的标题通过提出解决问题的对策、手段或方法来凸显写作的主题词。例如，"素质教育需要加强赏识教育"这个标题就明确提出了加强赏识教育作为素质教育的对策。

2. 主题词+意义、目的、作用。这种形式的标题通过阐述主题词的意义、目的或作用来强调作者的观点。例如，"好政策有利于涵养德行"这个标题就明确指出好政策对涵养德行的积极作用。

三、创作技巧

在创作观点式标题文案时，需要注意以下几个技巧。

1. 紧扣主题。标题要紧密围绕文章的主题展开，确保观点与文章内容一致。

2. 简洁明了。标题要言简意赅，用精练的语言表达核心观点。

3. 突出亮点。标题要突出文章的亮点和特色，吸引读者的关注。

4. 适度夸张。在符合事实的前提下，可以适当使用夸张手法来增强标题的吸引力，但需注意避免过度夸张或虚假宣传。

四、案例分析

以下是一些观点式标题文案的案例分析。

1. "带娃带到崩溃？优秀的父母从不做这3件事情"，这个标题通过提出带娃过程中的问题，并给出优秀父母的做法作为对策，成功吸引了读者的关注。

2. "制定好政策 实现好发展"，这个标题直接表达了作者对好政策促进发展的看法和立场。

总之，观点式标题文案是一种明确表达作者观点、立场或看法的文案风格。通过明确性、直接性和引导性的特点，以及对多种表现形式和创作技巧的运用，观点式标题文案能够有效地吸引读者的注意力并激发他们的阅读兴趣。

继续输入具体的需求，如输入"请为快手这个 App 提供观点式标题文案作为网络宣传语"关键词描述，得到的答案如下。

【关键词】

请为快手这个 App 提供观点式标题文案作为网络宣传语

【AI 生成的内容】

当为快手 App 提供观点式标题文案作为网络宣传语时，我们需要强调其特点、优势和用户价值。以下是一些建议。

1. 快手，看见每一种生活！

强调快手平台内容的多样性和包容性，每个人都能在快手上找到属于自己的舞台。

2. 快手，记录真实，分享快乐！

突出快手是一个真实记录和分享快乐的平台，用户可以在这里展示自己的生活点滴。

3. 不仅仅是视频，更是生活态度的展现！

强调在快手上发布的视频不仅仅是内容，更是用户生活态度的展现。

4. 发现生活中的不凡，尽在快手！

鼓励用户在快手上发现生活中的不平凡之处，展现平台的探索性和创新性。

2.3　用 AI 打造爆款标题文案的方法

扫码
看视频

标题文案是一篇文章或一个视频的"门面"，起到给用户留下第一印象的作用。因此，运营者在撰写文案和创作短视频时会格外重视标题文案的撰写，致力于打造出爆款标题文案。掌握一定的技巧，结合 AI 技术可以快速实现这一目标。

例如，首先在 AI 的输入框中输入"如何打造爆款标题文案"关键词描述，让 AI 建立关于打造爆款标题文案的知识背景。具体内容如下。

【关键词】

如何打造爆款标题文案

【AI 生成的内容】

打造爆款标题文案是一项非常重要的技能，它可以吸引人们点击并阅读您的文章，关注您的产品或服务。以下是一些方法，可以帮助您打造吸引人的爆款标题文案。

1. 突出核心卖点。将产品或服务最重要的特点或卖点放在标题的开头，这样可以更容易地吸引读者的注意力。例如，"全新产品：节省时间和金钱的智能家居解决方案"。

2. 采用数字或数据。数字和数据可以增强标题的可信度与吸引力。例如，"10 种经济实惠的健康食谱""2024 年销售额破纪录：如何成功推广您的品牌"。

3. 使用感性词语和语句。使用带有感性色彩的词语和语句，可以引起读者的情感共鸣。例如，"感动人心的毕业演讲""惊险刺激的旅行体验"。

4. 借鉴热门话题。如果您的文章或产品与某个当前热门话题相关，可以在标题中使用相关的关键词或短语。例如，"Black Friday 特卖：享受 50% 的折扣"。

5. 使用"如何""为什么"等问题式标题。这种类型的标题会引起人们的好奇心和兴趣，让他们想要了解得更多。例如，"如何用 10 分钟时间打造完美早餐？""为什么电动汽车是未来的主流选择？"。

最后，无论您使用哪种方法，一定要保持简洁、清晰和具体。好的标题文案不仅需要吸引人，还要让人们明白您的文章或产品能够为他们带来什么样的价值和好处。

其次，根据 AI 的回复，提出自己的任务需求，如输入关键词描述"请使用感性词语，为一个庆祝生日的短视频提供爆款标题文案"。AI 生成的内容如下。

【关键词】

请使用感性词语，为一个庆祝生日的短视频提供爆款标题文案

【AI 生成的内容】

以下是一些使用感性词语的爆款标题文案，专为庆祝生日的短视频量身定制。

1. 无尽欢乐！庆祝最美好的一天

2. 生命的庆典：我们的生日聚会

3. 献上一份真诚的祝福：庆祝特别的一天

4. 一起燃烧吧！让生日的烛光照亮我们的未来

5. 快乐无限！与最爱的人一起庆祝生命中最重要的日子

无论您选择哪种标题，都要确保它能够引起人们的情感共鸣，让人们感受到生日的快乐和幸福。同时，使用简单、直白的语言，让人们能够清楚地理解您的视频内容，并且引起他们的兴趣和好奇心。

另外，可以根据 AI 生成的答案进一步优化关键词，以获得更多爆款标题文案参考，如输入"我觉得这个'快乐无限！与最爱的人一起庆祝生命中最重要的日子'文案更能吸引人，请再次生成类似的标题文案"。AI 生成的内容如下。

【关键词】

我觉得这个"快乐无限！与最爱的人一起庆祝生命中最重要的日子"文案更能吸引人，请再次生成类似的标题文案

【AI 生成的内容】

以下是一些类似的标题文案，以"快乐无限"为主题。

1. 快乐无限！和亲朋好友一起度过一个难忘的日子

2. 让快乐无限延续！我们的生日派对

3. 快乐无限！庆祝生命中最美好的时刻

4. 快乐无限！在最特别的日子里与最爱的人一起欢庆

5. 享受快乐无限的时刻：一个生日庆典的故事

这些标题文案都以"快乐无限"为主题，强调庆祝生日的快乐和祝福，同时突

出和谐的人际关系和难忘的时刻，它们都使用了简单、易懂的语言，让人们能够直接理解标题所传递的信息，同时激发读者的好奇心和兴趣。

除了高效、有参考价值外，运用 AI 生成爆款标题文案还可以提供文案检测功能，让其分析成为爆款标题文案的原因，进而帮助我们做出判断。

本 章 小 结

本章深入探讨了如何利用 AI 技术提升新媒体标题文案的点击率，从而打造爆款内容，具体内容包括关键词编写的原则、技巧与注意事项，以及 7 种不同类型的标题文案生成方法，如悬念式、对比式、新闻式、隐喻式、数字式、借势式和观点式等，最后还详细阐述了爆款标题文案的打造方法。通过本章内容的学习，读者可以掌握有效的标题文案编写技巧，提升内容质量，为打造爆款内容奠定坚实基础。

课 后 习 题

鉴于本章知识的重要性，为了帮助读者更好地掌握所学知识，下面通过课后习题，帮助读者进行简单的知识回顾和补充。

1. 新媒体标题文案关键词的编写原则有哪些？

2. 请结合新媒体平台的特点，编写一个适用于社交媒体平台的标题文案，要求使用隐喻式标题文案生成方法，并简要说明其设计思路。

第 3 章

文章内容，AI 神器助你一臂之力

如今，新媒体已成为信息传播的主要渠道，而文章内容创作是新媒体影响力的基石。新媒体运营者若想快速创作内容丰富、引人入胜的文章，运用 AI 神器拓宽方向、生成文章是一个不错的选择。

3.1 新媒体文章的 AI 生成流程

随着新媒体的迅猛发展，它已经成为人们获取信息、洞察世界、交流思想的重要渠道之一。AI 技术在新媒体文章的创作中得到了日益广泛的应用。在整个新媒体文章的 AI 生成流程中，每一步都至关重要，只有不断优化和调整，才能生成更加符合需求和期望的高质量新媒体文章。

3.1.1 为 AI 文章选定吸睛主题

扫码看视频

确定文章的主题是指明确文章所属的主题和关键词。新媒体运营者可以从文章的类型入手，如图 3-1 所示，从中寻找主题的灵感。

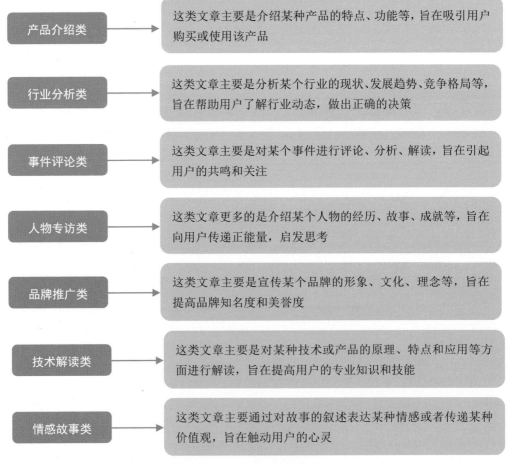

产品介绍类	这类文章主要是介绍某种产品的特点、功能等，旨在吸引用户购买或使用该产品
行业分析类	这类文章主要是分析某个行业的现状、发展趋势、竞争格局等，旨在帮助用户了解行业动态，做出正确的决策
事件评论类	这类文章主要是对某个事件进行评论、分析、解读，旨在引起用户的共鸣和关注
人物专访类	这类文章更多的是介绍某个人物的经历、故事、成就等，旨在向用户传递正能量，启发思考
品牌推广类	这类文章主要是宣传某个品牌的形象、文化、理念等，旨在提高品牌知名度和美誉度
技术解读类	这类文章主要是对某种技术或产品的原理、特点和应用等方面进行解读，旨在提高用户的专业知识和技能
情感故事类	这类文章主要通过对故事的叙述表达某种情感或者传递某种价值观，旨在触动用户的心灵

图 3-1 文章的不同类型

除此之外，还有围绕生活常识、生活技巧等提供生活乐趣的贴近生活类文章，介绍地域特色进行旅游宣传的地方特色类文章，用生动、活泼的语言讲解理论知识或技能的知识普及类文章，等等。

当然，明确文章的主题也有一定的技巧，如图 3-2 所示。

图 3-2　明确文章主题的技巧

3.1.2　为 AI 创作精选高质量关键词

AI 生成文章的第二步是提供高质量的关键词。高质量的关键词是决定 AI 生成高效、有价值的文本的决定性因素。对于 AI 生成文章而言，提供高质量的关键词可以采用以下几个提示公式。

公式一，标准提示：生成"任务"，如"生成 ×× 手机的宣传文章"。

公式二，角色提示：作为"角色"，生成"任务"，如"作为一名短视频博主，生成一篇向大众介绍短视频拍摄流程的文章"。

公式三，样本提示：根据"示例"，生成"任务"，如"根据这个示例，生成一篇同样结构的文章"。

公式四，种子词提示：请根据"种子词"，生成"文本"，如"请根据以下种子词生成文章：美食、直播、带货"。

公式五，可解释的软提示：基于"风格 / 模板"，生成"文本"，如"基于 ×× 作家的写法，生成一篇文章"。

公式六，聚类提示：将以下"文章"按照"主题"分组，如"将以下新闻文章根据主题分组成簇：《××》文章"。

公式七，分类提示：对以下文章《××》进行文本分类，并根据内容将其分为不同的类别，如体育、文化和娱乐等。

公式八，概述提示：用一句简短的话语概述以下文章《××》。

公式九，自洽提示：输入"任务需求"，请确保以下文本是自洽的，如"生成一篇《××》电影的影评，请确保以下文本是自洽的"。

3.1.3 一键批量生成 AI 文章

新媒体运营者在编写完关键词并提供给 AI 之后，便可以获得文章参考。例如，我们输入"种子词"提示，让 AI 生成包含"种子词"的文章。以豆包为例，输入关键词描述"请根据以下种子词生成文章：操场、雪人、欢乐的同学"。AI 生成的文章内容如下。

【关键词】

请根据以下种子词生成文章：操场、雪人、欢乐的同学

【AI 生成的内容】

冬日操场的欢乐

冬日的操场上，一片银装素裹。洁白的雪花纷纷扬扬地飘落，给操场披上了一层美丽的外衣。

在操场的一角，一个可爱的雪人静静地伫立着。它那圆圆的脑袋，胡萝卜做的鼻子，还有那用石子点缀的眼睛，仿佛正带着微笑看着操场上欢乐的同学们。

一群欢乐的同学在雪地里尽情地玩耍着。他们有的在打雪仗，雪球在空中飞来飞去，伴随着阵阵欢快的笑声；有的在堆雪人，大家齐心协力，为雪人塑造出各种有趣的造型；还有的在雪地上奔跑嬉戏，留下一串串欢乐的脚印。

他们的脸蛋被冻得红扑扑的，眼中却闪烁着兴奋的光芒。在这寒冷的冬日里，操场成为他们欢乐的天堂。他们忘记了寒冷，忘记了烦恼，全身心地投入这欢乐的氛围中。

而那个雪人，就像是他们欢乐的见证者，默默地陪伴着他们度过这美好的时光。也许，在未来的日子里，每当他们想起这个冬日的操场，想起这个可爱的雪人，心中都会涌起无尽的温暖和欢乐。操场、雪人、欢乐的同学，共同构成了一幅冬日里最美丽、最欢乐的画卷。

可以看出，AI 根据我们输入的关键词描述生成了一篇简短的文章。另外，我们还可以让 AI 生成带有平台风格特征的文章，如生成微信公众号平台风格的文章。相关案例如下。

【关键词】

请根据以下种子词生成微信公众号文章：操场、雪人、欢乐的同学

【AI 生成的内容】

操场上的欢乐与惊喜

在校园中，操场是一片充满活力与故事的地方。

冬日的某一天，一场大雪过后，操场变成了银装素裹的世界。同学们纷纷跑到

操场上，欢笑着，打闹着，仿佛这片洁白的天地是专门为他们准备的欢乐舞台。

不一会儿，大家开始齐心协力地堆起雪人。有的同学滚雪球，那雪球在地上欢快地滚动着，越滚越大；有的同学负责找装饰雪人的材料，树枝、石子、树叶等都被搜罗了过来；还有的同学则发挥着自己的创意，精心雕琢着雪人的模样。

在这欢乐的氛围中，同学们的笑声此起彼伏。他们忘记了学习的压力，尽情享受着这一刻的美好。看着一个个造型独特的雪人在操场上站立起来，仿佛是同学们欢乐的具象化。

操场承载着同学们无数的欢乐时光，无论是尽情奔跑的体育课，还是偶尔举行的趣味活动，而这次与雪人的邂逅，更是成为大家心中难以忘怀的美好记忆。那欢乐的同学，那可爱的雪人，那片充满欢乐的操场，共同构成了校园生活中最动人的画卷。

以后的日子里，每当大家经过操场，都会想起那个和雪人一起玩耍的欢乐冬日，心中便会涌起阵阵温暖。操场，依旧是那个充满活力与欢乐的地方，等待着同学们去书写更多的精彩故事。

3.1.4 AI 文章后期编辑技巧

扫码
看视频

新媒体运营者在得到 AI 生成的文章之后，还需要进行编辑与校对，可以自行校对或者运用 AI 内容检测工具让文章的内容更加完善与优化。下面以腾讯 Effidit 为例，简要介绍运用 AI 内容检测工具来编辑与校对新媒体文章的方法。

例如，我们先让 AI 生成一篇文章。以 ChatGPT 为例，输入关键词描述"请生成一篇情感故事类文章，字数在 200 字以内"，获得的文章内容如下。

【关键词】

请生成一篇情感故事类文章，字数在 200 字以内

【AI 生成的内容】

在一个宁静的小镇，年轻的艺术家李明爱上了隔壁花店的老板娘小娟。李明每天早晨都会经过花店，看着小娟忙碌的身影，他的心中涌起一阵温暖。

一天，李明决定用自己的画作表达心意。他花了整整一个月的时间，画了一幅盛开的玫瑰图，并在画的背面写下了深情的告白。那天早晨，他忐忑地走进花店，把画送给了小娟。

小娟接过画，看到背面的文字时，眼中闪过一丝惊喜与敏动。她告诉李明，自己也一直被他的才华与温柔所吸引。两人的心在这一刻紧紧相连。

……

再将 AI 生成的文章粘贴到 Effidit 中进行文本润色，可以得到经 AI 润色后的文章，效果如图 3-3 所示。

图 3-3　AI 润色后的文章效果

我们还可以选择"智能纠错"功能进行校对，AI 会自动指出错误，并提出修改意见。单击"采纳"按钮，文章内的错误会自动更正，如图 3-4 所示。

图 3-4　AI 智能纠错建议

专家提醒

　　Effidit 是由腾讯 AI Lab 开发的一款集成了 AI 技术的智能写作辅助工具，它通过自然语言处理和机器学习算法，提供实时的写作建议、文本校对和风格优化等服务。

3.2　AI 创作新媒体文章的 7 大类型

在确定新媒体文章的主题时，我们了解到文章有多种不同的类型，根据不同类型的文章特征和任务需求，便可以引导 AI 生成多种文章供我们参考。本节将详细介绍运用 AI 生成 7 大类型新媒体文章的方法。

3.2.1　用 AI 写产品介绍类文章

产品介绍类文章的主要目的是介绍并推广某种产品，因此运用 AI 生成这类文章时，可以在关键词中提供产品的详细信息，以便 AI 提供的内容更精准。

以 ChatGPT 为例，在输入框中输入关键词"宣传文章是什么"，AI 生成的内容如下。

【关键词】

宣传文章是什么

【AI 生成的内容】

宣传文章是一种专门用于传播信息、影响读者观点或激发特定行为的文体，其主要目的是宣传某个理念、产品、服务或活动。它通常通过以下几种方式来实现。

1. 信息传播。详细介绍某个主题，提供相关数据和事实，让读者更了解相关内容。
2. 观点引导。通过论证、事例和情感诉求，影响读者的观点和态度。
3. 行为激发。鼓励读者采取某种行动，如购买产品、参与活动、支持某个观点等。
……

接着输入标准提示并说明需求，如"为《AI 配音师从入门到精通：智能剪辑＋字音互转＋画面配音＋生成音乐》这本书提供宣传文章，并重点说明读后收获和适读人群"。AI 生成的内容如下。

【关键词】

为《AI 配音师从入门到精通：智能剪辑＋字音互转＋画面配音＋生成音乐》这本书提供宣传文章，并重点说明读后收获和适读人群

【AI 生成的内容】

掌握 AI 配音奥秘：《AI 配音师从入门到精通》

在人工智能迅速发展的今天，配音技术也迎来了革命性的变革。《AI 配音师从入门到精通：智能剪辑＋字音互转＋画面配音＋生成音乐》是一本引领你全面掌握 AI 配音技术的专业指南。无论你是配音新手还是有经验的从业者，这本书都将为你提供无可比拟的知识和技能，助你在 AI 配音领域脱颖而出。
……

扫码
看视频

3.2.2 用 AI 写行业分析类文章

行业分析类的文章要求具有严谨性，专业性较强。因此，在运用 AI 生成这类文章时，可以输入角色提示，让 AI 充当某一领域的专家，再根据需求生成文章。下面以 ChatGPT 为例，介绍用 AI 生成行业分析类文章的方法。

首先输入角色前提，如输入关键词"你是一名金融投资方面的专家，请运用你的能力进行以下对话"。AI 生成的内容如下。

【关键词】

你是一名金融投资方面的专家，请运用你的能力进行以下对话

【AI 生成的内容】

当然，请问你有什么具体的金融投资问题或需要哪些方面的咨询？我很乐意提供帮助。

接着输入具体的需求，如"请生成一篇关于探讨人工智能在金融投资领域应用的文章"。AI 会生成行业分析类文章，相关内容如下。

【关键词】

请生成一篇关于探讨人工智能在金融投资领域应用的文章

【AI 生成的内容】

人工智能在金融投资领域的应用

人工智能（AI）在金融投资领域的应用已经从理论探讨走向实际操作，成为现代金融市场的重要驱动力之一。AI 技术的进步为投资决策、风险管理、交易执行等方面带来了革命性的变化。本文将探讨人工智能在金融投资中的主要应用领域及其带来的影响。

1.投资决策与分析

人工智能通过大数据分析和机器学习算法，可以提供更为精确和快速的投资决策支持。以下是几个主要应用方向。

（1）量化分析。AI 能够处理和分析海量数据，从中发现潜在的市场趋势和投资机会。量化基金利用 AI 技术进行模型构建和数据分析，自动生成交易策略。

（2）情感分析。通过自然语言处理技术，AI 可以分析社交媒体、新闻报道等非结构化数据，判断市场情绪和舆论变化，辅助投资决策。

（3）预测模型。机器学习算法可以根据历史数据训练预测模型，预测股票价格、市场走势等，从而指导投资组合的调整和优化。

......

3.2.3 用 AI 写事件评论类文章

结合事件评论类文章的特征，我们可以让 AI 充当某一领域的专家进行专业的行业知识解读，也可以让 AI 就某一部电影或电视剧进行影评分析。下面以文心一言为例，介绍用 AI 生成影评分析类文章的方法。

首先在输入框中输入对话前提，如输入"你知道电影《放牛班的春天》吗"。AI 生成的内容如下。

【关键词】

你知道电影《放牛班的春天》吗

【AI 生成的内容】

电影《放牛班的春天》简介

《放牛班的春天》是一部由克里斯托夫·巴拉蒂执导，热拉尔·朱诺、让-巴蒂斯特·莫尼耶、弗朗西斯·贝尔兰德等人主演的法国剧情电影。该片于 2004 年 3 月 17 日在法国上映，并随后在多个国家和地区取得了不俗的票房成绩，截至 2024 年 5 月 16 日，全球累计票房达到 8838 万美元。

剧情概述

电影的故事背景设定在 1949 年的法国乡村，讲述了一位怀才不遇的音乐老师马修（克莱门特·马修老师）来到名为"池塘底教养院"的男子寄宿学校任教。这所学校的学生大多是被视为问题少年的顽皮儿童，他们在校长残暴高压的管治下变得更加叛逆。马修老师到达后，决定用音乐来感化这些孩子，并成立了合唱团。在他的引导下，孩子们的心灵逐渐被打开，开始展现出他们的音乐天赋和纯真的一面。

……

接着让 AI 根据对电影的了解生成专业的影评，如输入关键词描述"运用专业的电影学知识，提供一篇关于《放牛班的春天》的影评"。AI 生成的内容如下。

【关键词】

运用专业的电影学知识，提供一篇关于《放牛班的春天》的影评

【AI 生成的内容】

《放牛班的春天》：一部音乐与教育的深刻交响

《放牛班的春天》是一部由克里斯托夫·巴拉蒂执导，融合了音乐与教育元素的法国电影。该片以其独特的叙事手法和深刻的主题，不仅赢得了观众的喜爱，更在电影学界引起了广泛的讨论。本影评将从电影学的专业角度出发，对该片进行深入的剖析。

首先，从叙事结构上看，《放牛班的春天》采用了线性叙事方式，将故事的时间线清晰地呈现在观众面前。影片以克莱门特·马修老师的视角展开，通过他的到来、

改变和离开，串联起整个故事的发展。这种叙事方式使观众能清晰地感受到故事的起承转合，更加投入地参与到故事中去。

其次，影片在镜头运用上也非常出色。导演巧妙地运用了远景、中景、近景和特写等不同的镜头语言，展现了不同场景下的氛围和人物情感。例如，在孩子们合唱的场景中，导演运用了远景和特写相结合的镜头，既展现了整个合唱团的壮观场面，又突出了每个孩子的面部表情和情感变化。这种镜头运用不仅增强了影片的视觉效果，也使得观众更加深入地了解了人物内心的情感世界。

……

另外，可以进一步让 AI 根据影评的内容将其改写为适合于发布到微信公众号的文章，如输入关键词描述"微信公众号文章具有个性化定制、交互性强、语言简短易懂等特点，请结合公众号文章的特点，将上述影评生成一篇公众号文章"。AI 生成的内容如下。

【关键词】

微信公众号文章具有个性化定制、交互性强、语言简短易懂等特点，请结合公众号文章的特点，将上述影评生成一篇公众号文章

【AI 生成的内容】

《放牛班的春天》：音乐与教育的力量，唤醒你内心的春天

大家好，今天给大家带来一部感人至深的电影——《放牛班的春天》。这部电影以其独特的魅力，不仅让我们领略了音乐的美妙，更让我们深刻体会到教育对于个体成长的重要性。接下来，就让我们一起走进这部电影的世界吧！

一、个性化定制，直击心灵

《放牛班的春天》这部电影就像是一篇为你量身定制的公众号文章，直击你的心灵。影片以克莱门特·马修老师的视角展开，讲述了他在一个名为"池塘底教养院"的男子寄宿学校任教的故事。这里的孩子们大多被视为问题少年，但在马修老师的关爱和教育下，他们逐渐找到了自信和希望。这部电影就像是一篇精心策划的公众号文章，通过个性化的叙事手法，让我们更加深入地了解这些孩子的内心世界，感受到他们的成长与变化。

……

3.2.4 用 AI 写人物专访类文章

扫码
看视频

新媒体运营者在运用 AI 生成人物专访类文章时，可以先赋予 AI 以身份进行采访对话，然后让 AI 根据对话内容生成文章。下面以文心一言为例，介绍用 AI 写人物专访类文章的方法。

首先输入对话前提，如输入关键词描述"你是一名记者，熟知人物专访的所有知

识和流程。我是一名演技精湛的演员。现在我希望你用你的专业知识和职业素养来采访我，向我提出问题，并根据我的回答进行连续性提问，直至你认为了解到了你所需的全部信息，对话中不要写任何解释"，与 AI 进行连续性对话。AI 生成的内容如下。

【关键词】

你是一名记者，熟知人物专访的所有知识和流程。我是一名演技精湛的演员。现在我希望你用你的专业知识和职业素养来采访我，向我提出问题，并根据我的回答进行连续性提问，直至你认为了解到了你所需的全部信息，对话中不要写任何解释

【AI 生成的内容】

非常荣幸能够采访您这位演技精湛的演员。首先，请您分享一下您是如何走上演艺这条道路的呢？

（等待回答）

非常感谢您的分享。那么，在您的演艺生涯中，有没有哪个角色或哪部作品对您来说具有特别的意义或挑战？

（等待回答）

听起来那个角色对您来说确实是个很大的挑战。在拍摄过程中，您是如何克服这些挑战，将角色塑造得如此深入人心的呢？

（等待回答）

……

接着让 AI 将上述对话整理成文章，如输入关键词描述"将上述对话整理成一篇人物专访类文章"。AI 生成的内容如下。

【关键词】

将上述对话整理成一篇人物专访类文章

【AI 生成的内容】

专访演技精湛的演员：挑战与成长

近日，我们有幸采访到了一位演技精湛的演员，他在演艺界凭借卓越的表演才华和深厚的艺术修养赢得了广大观众的喜爱。在这次专访中，他与我们分享了自己的演艺之路、挑战与成长，以及对未来的展望。

演艺之路：从兴趣到职业

在谈到自己是如何走上演艺这条道路时，他表示："我从小就对表演充满了兴趣，喜欢模仿各种角色，感受不同的人生。后来，我逐渐意识到自己对演艺事业的热爱，于是决定走上这条道路。"正是这份对表演的热爱和坚持，让他一步步走向了成功。

……

可以看出，AI 生成的人物专访类软文略显生硬，缺乏一定的生动性与思想性，只是将与人物对话的内容连贯起来并进行了归纳。为了获得更有效的回复，运营者可以为 AI 提供一篇人物专访类文章范例，让其对照范例生成相应的文章。

3.2.5　用 AI 写品牌推广类文章

品牌推广类文章和产品介绍类文章的功用类似，都是发挥着宣传推广的作用。运用 AI 生成品牌推广类文章，可以多给 AI 提供一些关于品牌的背景信息、企业文化等提示，让 AI 生成更准确、有效的回复。下面以秘塔 AI 搜索为例，介绍用 AI 写品牌推广类文章的方法。

首先输入品牌背景，如输入关键词描述"有伊（一个虚拟品牌）是一个专注于燕麦牛奶研发的品牌，拥有十余年的历史，其产品以谷粒多、奶味足、营养养生为优势，获得了广大消费者的青睐"。AI 生成的内容如下。

【关键词】

有伊是一个专注于燕麦牛奶研发的品牌，拥有十余年的历史，其产品以谷粒多、奶味足、营养养生为优势，获得了广大消费者的青睐

【AI 生成的内容】

有伊是一个专注于燕麦牛奶研发的品牌，拥有十余年的历史，其产品以谷粒多、奶味足、营养养生为优势，获得了广大消费者的青睐，由此可以分析出以下几点。

市场背景：近年来，随着居民健康意识的提升和消费升级，中国植物基饮料市场迅猛发展，燕麦奶作为其中的重要品类，市场份额不断提升。2023 年中国燕麦奶需求量达到 5408.7 万盒（每盒 250 mL），市场规模达到 17.5 亿元。

消费趋势：燕麦奶作为现制饮品"奶基底"，在咖啡、茶饮等饮品店中成为新增长点，消费评价较好。此外，国产品牌通过聚焦中高端用户需求，提高市场渗透率，并在工艺和设备方面加强落实，推出平价燕麦奶，积极下沉市场。

品牌竞争：尽管燕麦奶市场前景广阔，但也存在一些质疑声音，如"源于科研，红于营销""新中产的智商税"等负面评价。然而，有伊品牌凭借其产品的独特优势，如谷粒多、奶味足、营养养生，成功获得了广大消费者的青睐。

有伊品牌在燕麦牛奶市场中凭借其产品的独特优势，成功获得了认可和支持。

接着输入具体的需求，如输入关键词描述"现在有伊品牌想要开拓国际市场，让其产品远销全球各地。请结合有伊的背景，为其提供一篇宣传文章作为品牌推广"。AI 生成的内容如下。

【关键词】

现在有伊品牌想要开拓国际市场，让其产品远销全球各地。请结合有伊的背景，为其提供一篇宣传文章作为品牌推广

【AI 生成的内容】

有伊燕麦牛奶：健康生活的新选择

引言：

在当今快节奏的生活中，人们越来越注重健康饮食。传统的牛奶因其高钙和蛋白质含量而受到青睐，但对于素食者和关注动物福利的人群来说，选择合适的替代品变得尤为重要。有伊燕麦牛奶应运而生，旨在为全球消费者提供一个既健康又环保的饮品选择。

核心价值观：

有伊燕麦牛奶秉承"健康、环保、可持续"的品牌理念，致力于通过高品质的燕麦牛奶产品为消费者带来更健康的生活方式。我们采用优质燕麦和纯净水源，确保每一瓶燕麦牛奶都富含丰富的营养成分，同时减少对环境的影响。

……

扫码
看视频

3.2.6 用 AI 写技术解读类文章

技术解读类文章是一种专门传授特定技能的文章形式，它们的目标是向读者提供摄影、运动器械使用、传统工艺等技术领域的有效技能和知识。下面以通义为例，介绍用 AI 写技术解读类文章的方法。

首先输入对话前提，如输入关键词描述"你了解榫卯的技术原理吗"。AI 生成的内容如下。

【关键词】

你了解榫卯的技术原理吗

【AI 生成的内容】

当然，榫卯技术是中国古代木工艺术和建筑学中的一个重要组成部分，它体现了一种高度发达的工程技术原理。榫卯是一种无钉、无胶的木构件连接方法，通过将木件的凸出部分（榫）插入另一木件的凹进部分（卯）来实现稳定而牢固的连接。

榫卯结构的关键在于其设计的精妙与施工的精确性。榫头的形状和卯眼的尺寸需要严格匹配，以确保连接处的稳固性和结构的强度。根据不同的应用场景和需求，榫卯结构可以有多种变化形式，包括但不限于以下几种。

1. 直角榫：用于直角连接，如桌腿与桌面的连接。

2. 燕尾榫：形似燕尾，用于防止横向滑动，常用于抽屉底板与侧板的连接。

3. 销榫：用于增加额外的稳定性，如在直角榫的基础上加入垂直于榫头的小木销。

……

接着输入具体的需求，如输入"榫卯结构是中华民族独特的工艺创造，有着悠久的历史，中国传统家具大都采用榫卯结构。请结合榫卯的技术原理，生成一篇介绍故宫榫卯结构的文章"关键词描述。AI 生成的内容如下。

【关键词】

榫卯结构是中华民族独特的工艺创造，有着悠久的历史，中国传统家具大都采用榫卯结构。请结合榫卯的技术原理，生成一篇介绍故宫榫卯结构的文章

【AI 生成的内容】

榫卯结构作为中华文明的独特工艺遗产，其精湛的技艺和深邃的文化内涵，在中国的古建筑和传统家具中得到了淋漓尽致的展现。尤其在宏伟壮丽的故宫中，榫卯技术不仅是构建宫殿的基石，更是承载着中华民族智慧与审美的瑰宝。

【榫卯：古代建筑的灵魂】

榫卯结构，源于新石器时代晚期的河姆渡文化，距今已有 7000 年的历史。这一技术，通过将木构件上的凸出部分（榫）精确地嵌入另一构件的凹陷部分（卯）来实现连接，无须任何钉子或黏合剂，仅依靠木材本身的物理特性，便能构造出稳固而富有弹性的结构体系。

......

扫码
看视频

3.2.7　用 AI 写情感故事类文章

情感故事类文章注重向用户输出情感价值，或引起用户产生认同感，或给予用户安慰或治愈。情感故事类文章因其内容的故事性和生动性，能够迅速吸引用户的关注。情感故事类文章在新媒体平台上比较常见，运营者直接利用 AI 输入关键词描述"情感故事类文章"，便可以获得文章参考。

以通义为例，直接输入关键词描述"情感故事类文章"，AI 就会根据关键词描述生成部分情感故事类文章。相关案例如下。

【关键词】

情感故事类文章

【AI 生成的内容】

在一座被四季温柔包裹的小城，有这样一个故事，关于爱、失去与重逢，它如同一曲悠扬的旋律，轻轻拨动着每个人心中最柔软的弦。

【初遇·春风十里】

那一年春天，万物复苏。她，一位热爱文学的女孩，穿梭于书店与图书馆之间，寻找着生命中的诗意与远方。他，则是一位摄影爱好者，镜头下捕捉的每一帧画面，都充满了对生活的热爱与细腻的观察。

......

3.3 新媒体文章的 AI 创作实例

在新媒体时代，AI 创作技术逐渐崭露头角，成为新媒体文章创作领域的一股新势力。AI 技术以高效、精准和创新的特性，为新媒体文章创作带来了全新的可能性。本节将通过几个具体的创作实例来探索 AI 在新媒体文章创作中的实际应用与独特魅力。

3.3.1 公众号文章的 AI 创作实例

扫码看视频

公众号文章是新媒体文章的重要代表，主要是指发布于微信公众号平台上的文章，带有文章的结构，并发挥着营销推广、价值传递、行动引导等作用。公众号文章最主要的特征是富有互动性，鼓励用户参与互动，以增强用户的黏性。

公众号文章因其作用和内容的不同，可以分为以下几种类型，如图 3-5 所示。

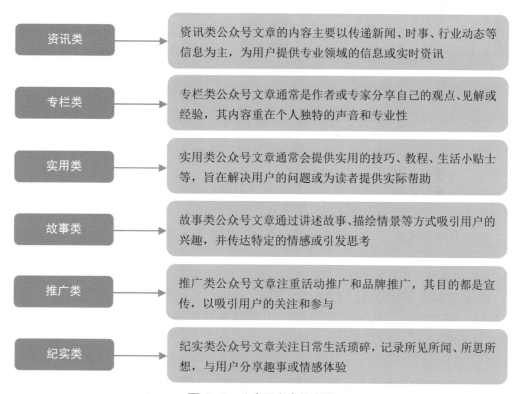

资讯类 资讯类公众号文章的内容主要以传递新闻、时事、行业动态等信息为主，为用户提供专业领域的信息或实时资讯

专栏类 专栏类公众号文章通常是作者或专家分享自己的观点、见解或经验，其内容重在个人独特的声音和专业性

实用类 实用类公众号文章通常会提供实用的技巧、教程、生活小贴士等，旨在解决用户的问题或为读者提供实际帮助

故事类 故事类公众号文章通过讲述故事、描绘情景等方式吸引用户的兴趣，并传达特定的情感或引发思考

推广类 推广类公众号文章注重活动推广和品牌推广，其目的都是宣传，以吸引用户的关注和参与

纪实类 纪实类公众号文章关注日常生活琐碎，记录所见所闻、所思所想，与用户分享趣事或情感体验

图 3-5 公众号文章的类型

这些不同类型的公众号文章并不是相互独立的，可以结合多种类型进行创作，以满足用户的不同需求和兴趣。同时，文章类型的选择也要根据公众号的定位、用

户群体和目标来确定。

运营者在运用 AI 生成公众号文章时，可以根据公众号文章的不同类型来提炼和编写关键词，从而提高 AI 生成公众号文章的有效性和准确性。下面以 Kimi 为例，介绍用 AI 生成故事类公众号文章的方法。

首先在 Kimi 的输入框中输入对话前提，如输入关键词描述"一篇完整的公众号文章需要具备哪些要素？"，让 AI 建立关于公众号文章的基本知识背景。AI 生成的内容如下。

【关键词】

一篇完整的公众号文章需要具备哪些要素？

【AI 生成的内容】

写一篇完整的公众号文章需要具备以下几个要素。

1. 标题

（1）吸引力。标题要简洁、有吸引力，能够引起读者的兴趣。

（2）关键词。包含关键词，有助于在搜索引擎和公众号平台上提高可见性。

2. 开头

（1）引导。开头部分应该引导读者，让他们了解文章的主题和目的。

（2）钩子。使用有趣或引人入胜的句子作为钩子，吸引读者继续阅读。

3. 正文

（1）逻辑结构。内容要有清晰的逻辑结构，通常可以分为几个段落，每个段落都有一个明确的主题。

（2）细节和实例。使用具体的细节和实例来支持观点，使内容更加丰富和有说服力。

（3）多媒体元素。适当使用图片、视频、图表等多种形式，增强文章的可读性和视觉效果。

……

接着提供种子词给 AI，如输入关键词"请根据以下种子词生成一篇故事类公众号文章：图书馆、落日、女孩和男孩"，让 AI 根据所给的关键词生成相应的文章。相关内容如下。

【关键词】

请根据以下种子词生成一篇故事类公众号文章：图书馆、落日、女孩和男孩

【AI 生成的内容】

1. 标题：落日余晖中的图书馆邂逅

2. 开头

傍晚时分，图书馆的窗外，落日的余晖洒在大地上，为这座安静的知识殿堂披上一层金色的薄纱。这个时候，图书馆里总是显得格外宁静，仿佛时间都放慢了脚步。

3. 正文

初遇：

女孩叫小羽，是个喜欢阅读的文艺青年，每天下班后，她总会来图书馆。男孩叫阿明，是个喜欢拍照的摄影师，他喜欢在傍晚时分来到图书馆，用镜头捕捉落日的美丽和图书馆的静谧。

那天，小羽像往常一样坐在靠窗的座位上，手里捧着一本《追风筝的人》。她沉浸在书中的世界里，眼中闪烁着光芒。阿明则在图书馆的角落里调试相机，试图捕捉到窗外那一瞬的美景。

当小羽抬起头，望向窗外的落日时，她的目光恰巧与阿明的镜头相遇。阿明按下快门，捕捉到了这一刻的美丽。小羽看到这一幕，微微一笑，心中多了一分好奇。

……

3.3.2 小红书文章的 AI 创作实例

扫码
看视频

小红书文章是指发布于小红书平台上的文案。小红书是热门的新媒体平台之一，能够满足用户分享好物、记录日常生活的需求。在小红书平台上，新媒体运营者可以图文或视频的形式来分享精彩内容或记录生活的点滴。

运营者可以运用 AI 来引导生成小红书文章。下面以 Kimi 为例，介绍用 AI 生成小红书文章的方法。

首先输入对话前提，如输入关键词"你知道小红书吗"，确保 AI 了解小红书。AI 生成的内容如下。

【关键词】

你知道小红书吗

【AI 生成的内容】

小红书是一款备受欢迎的社交电商平台，主要用户群体为年轻女性。小红书最初以分享购物心得和美妆护肤评测为主，但随着平台的发展，内容涵盖了生活方式、美食、旅游、时尚、健身等多个领域。

以下是关于小红书的一些关键点。

1. 社交属性。用户可以通过图文、短视频等形式分享自己的购物心得、生活体验、旅游攻略等内容，与其他用户互动交流。这种分享和互动的模式使得小红书不仅是一个购物平台，更是一个生活方式社区。

2. 内容创作。小红书鼓励用户进行原创内容创作，UGC（user generated content，用户生成内容）是其内容的主要来源。平台也推出了 KOL（key opinion leader，关键意见领袖）和 KOC（key opinion consumer，关键意见消费者）体系，通过达人推荐来影响用户的购买决策。

……

接着在输入框中继续输入关键词描述"用小红书的文案风格写一篇 100 字的文章"，验证 AI 对小红书的内容风格是否了解。AI 生成的内容如下。

【关键词】

用小红书的文案风格写一篇 100 字的文章

【AI 生成的内容】

落日余晖中的图书馆邂逅

今天在图书馆遇见了让人心动的他／她。夕阳的余晖透过窗户洒在我们身上，我们一起分享了书中的故事和生活中的点滴。那一刻，时间仿佛都静止了。每一次在这里阅读，都会有新的惊喜与感动。小伙伴们，你们有没有在图书馆遇到过特别的人或事呢？快来分享你们的故事吧！＃图书馆＃落日＃邂逅＃美好时光

然后对 AI 生成的文章进行校正，让其更符合小红书的文案风格，如输入关键词描述"标题需要更符合网络传播特性，用更活泼可爱的语气"。AI 生成的内容如下。

【关键词】

标题需要更符合网络传播特性，用更活泼可爱的语气

【AI 生成的内容】

图书馆的甜蜜邂逅

今天在图书馆遇见了超暖心的他／她！夕阳的余晖洒在我们身上，我们一起分享了书中的秘密和生活的趣事。那一刻，世界仿佛都变得温柔起来了。每次来这里都能有新的小惊喜！小伙伴们，你们有没有在图书馆遇到特别的人或事呢？快来评论区和我分享吧！＃图书馆＃落日余晖＃甜蜜邂逅＃美好时光

最后让 AI 生成正式的小红书文章，如输入关键词描述"请以小红书的文案风格写一篇 300 ～ 500 字的文章，主题为：'我做好的重庆旅游攻略'，内容包括：开篇介绍、推荐的重庆打卡景点和推荐原因，结尾要与用户进行互动"。AI 生成的内容如下。

【关键词】

请以小红书的文案风格写一篇 300 ～ 500 字的文章，主题为："我做好的重庆旅游攻略"，内容包括：开篇介绍、推荐的重庆打卡景点和推荐原因，结尾要与用户进行互动

【AI 生成的内容】

超全重庆旅游攻略来了！

作为一名旅行爱好者，这次我决定去热辣美食与美景齐飞的重庆！经过精心策划，我整理了一份超全的重庆旅游攻略，快来一起看看吧！

必打卡景点推荐

1. 洪崖洞：现实版《千与千寻》

重庆的地标之一，夜晚灯火辉煌，宛如童话世界。走在这里，仿佛穿越到了宫崎骏的动画里。推荐大家晚上来，感受重庆独特的立体夜景。

2. 解放碑：不夜城的繁华中心

解放碑是重庆的心脏，周围商圈云集，是购物和美食的天堂。在这里，你可以品尝到地道的重庆火锅和小面，购物之余还可以感受重庆的现代气息。

……

3.3.3　头条号文章的 AI 创作实例

扫码
看视频

今日头条是一个提供新闻资讯和社交的新媒体平台，头条号文章则是发布于今日头条平台上的文字内容。

头条号文章的内容以新闻资讯为主，但其他符合《今日头条社区规范》且有信息量、主题鲜明、逻辑严谨或图文并茂的内容也可以发布。

打造爆款的头条号文章有三个标准：一是原创性强，要求运营者尽可能地原创内容；二是内容优质，要求运营者发布的头条号文案符合内容标准，且能够给用户提供价值；三是垂直度高，要求运营者发布的内容专注于同一领域。下面以豆包为例，介绍用 AI 生成头条号文章的方法。

首先输入对话前提，如输入关键词"你知道今日头条吗"，确保 AI 了解今日头条。AI 生成的内容如下。

【关键词】

你知道今日头条吗

【AI 生成的内容】

我知道今日头条。

今日头条是一个知名的信息资讯平台。

它具有以下特点。

1. 内容丰富多样。涵盖了新闻、娱乐、科技、体育、生活等众多领域的信息。

2. 个性化推荐。能够根据用户的浏览历史和兴趣偏好，为用户精准推送符合其喜好的内容。

3. 创作者生态。吸引了大量的创作者入驻，他们创作并分享各种类型的内容。

今日头条在移动互联网领域具有广泛的影响力，为用户提供了便捷获取信息的渠道。例如，用户可以在上面及时了解到国内外的时事新闻、最新的科技动态，也能找到各种有趣的生活小贴士和娱乐八卦等。通过今日头条，用户可以轻松地根据自己的兴趣来定制个性化的信息阅读体验。

接着输入关键词描述"用今日头条的文案风格写一篇 200 字的文章"，确保 AI 了解今日头条的内容风格。AI 生成的内容如下。

【关键词】

用今日头条的文案风格写一篇 200 字的文章

【AI 生成的内容】

生活的多彩瞬间

嘿，朋友们！生活中处处充满惊喜！今天在路上偶遇一只超萌的小狗，那可爱的模样简直能把人的心都融化了。还有街头艺人的精彩表演，让人忍不住驻足欣赏。上班时同事分享的一个笑话，让整个办公室都充满了欢声笑语。生活就是这样，由一个个平凡又独特的瞬间组成。就像今日头条，时刻为你呈现丰富多彩的世界，有感动，有欢乐，有新奇。让我们珍惜这些美好瞬间，感受生活的魅力吧！

然后让 AI 生成正式的今日头条文章，如输入关键词描述"请以今日头条的文案风格写一篇 300 ～ 500 字的文章，主题为：'旅行注意事项干货分享'，内容包括：吸引人的标题和开头、旅行注意事项、结尾与用户互动"。AI 会生成头条号文章，相关案例如下。

【关键词】

请以今日头条的文案风格写一篇 300 ～ 500 字的文章，主题为："旅行注意事项干货分享"，内容包括：吸引人的标题和开头、旅行注意事项、结尾与用户互动

【AI 生成的内容】

旅行必备干货，不看后悔！

各位小伙伴，大家是不是都期待着一场说走就走的旅行呢？但要想旅行顺利又愉快，有些注意事项可不能忽视哦！

首先，一定要提前做好规划，包括行程安排、预订合适的交通工具和住宿，别等到了地方手忙脚乱。其次，了解当地的风俗习惯和文化禁忌，避免因此而产生不必要的麻烦。再次，记得携带必要的物品，像常用药品、合适的衣物等。最后，要注意个人财物安全，特别是在人多拥挤的地方。

旅行是一件美好的事情，做好这些准备，能让我们更好地享受旅行的乐趣。大家在旅行中还遇到过哪些问题或者有什么特别的经验呢？快来评论区分享吧，让我

们一起成为更棒的旅行者!

#旅行注意事项#干货分享#旅行经验!

扫码看视频

3.3.4 大鱼号文章的 AI 创作实例

大鱼号是阿里大文娱旗下的内容创作平台，为新媒体运营者提供内容创作、创作收益与原创保护等服务。运营者运用 AI 生成大鱼号文章，同样可以先确保 AI 了解大鱼号的文案风格，然后输入具体的需求进行提问。

以豆包为例，首先输入对话前提，如输入关键词"你知道大鱼号吗"，确保 AI 了解大鱼号。AI 生成的内容如下。

【关键词】

你知道大鱼号吗

【AI 生成的内容】

我知道大鱼号。

大鱼号是阿里大文娱旗下的内容创作平台。

它具有一些特点，比如为创作者提供了展示才华和获取收益的机会，创作者可以在上面发布文章、视频等多种形式的内容。大鱼号也有相应的激励机制和扶持政策，鼓励优质内容的创作。它还与多个平台进行合作和联动，能够让内容得到更广泛的传播。同时，大鱼号也注重内容的质量和规范，以保障良好的创作生态。在自媒体领域，大鱼号是一个具有一定影响力的平台，吸引了众多创作者的参与。

接着输入关键词描述"用大鱼号的文案风格写一篇 100 字的文章"，确保 AI 了解大鱼号的内容风格。AI 生成的内容如下。

【关键词】

用大鱼号的文案风格写一篇 100 字的文章

【AI 生成的内容】

生活小美好

生活中总有那么多小美好值得我们去发现！清晨的第一缕阳光，路边绽放的小花，朋友温暖的笑容……这些看似平凡的瞬间，却能给我们带来无尽的温暖与感动。珍惜每一个小美好，让生活充满阳光与快乐！快来和我一起感受吧！

然后让 AI 生成正式的大鱼号文章，如输入关键词描述"请以大鱼号的文案风格写一篇 300 ~ 500 字的文章，主题为：'实用的女生通勤穿搭技巧分享'，内容包括：吸引人的标题和开头、穿搭技巧、结尾与用户互动"。AI 生成的大鱼号文章内容如下。

【关键词】

请以大鱼号的文案风格写一篇 300 ~ 500 字的文章，主题为："实用的女生通勤穿搭技巧分享"，内容包括：吸引人的标题和开头、穿搭技巧、结尾与用户互动

【AI 生成的内容】

女生必看！通勤穿搭的完美指南

嘿，姐妹们！今天要给大家带来超实用的女生通勤穿搭技巧啦！

对于通勤的穿搭，首先色彩搭配很重要哦！可以选择一些基础色如黑、白、灰，再搭配一个亮眼的彩色单品来提亮整个造型。比如，黑色西装外套搭配一条红色的丝巾。款式上，简约的衬衫搭配直筒裤，既干练又舒适。

别忘了选择一双舒适又好看的鞋子，低跟或平底鞋是不错的选择。包包的话，可以选择一款质感好且能装下日常物品的包。另外，添加一些小配饰，如精致的耳环、简约的项链，能瞬间提升时尚感。

姐妹们，这些通勤穿搭技巧是不是很实用呀？你们平时都有哪些通勤穿搭的小妙招呢？快来评论区和大家分享吧，让我们一起成为职场上的时尚达人！

3.3.5 微博文章的 AI 创作实例

扫码
看视频

微博文章是指发布于微博平台的文字内容。微博是一个用户实时分享信息、传播话题、讨论与交流的社交媒体，能够满足用户关注实时资讯、即时分享、交友互动的需求。下面以天工 AI 为例，介绍用 AI 生成微博文章的方法。

首先输入对话前提，如输入关键词"微博文章有哪些类型"，确保 AI 了解微博的文章风格。AI 生成的内容如下。

【关键词】

微博文章有哪些类型

【AI 生成的内容】

微博文章主要有以下几种类型。

1. 普通微博文章

这是最常见的微博文章类型，通常包含简短的文字信息，长度一般在 140 字以内，可以包含图片、视频等多媒体内容。

2. 头条文章

头条文章是微博推出的一种文章形式，相比普通微博，它具有更长的篇幅，可以包含更多的文字和图片。头条文章可以通过微博的专门入口进行发布，并且会以微博的形式在用户的个人主页中展示。

……

接着让 AI 生成正式的微博文章，如输入关键词描述"写一篇 500 字左右的关于大学毕业的长文微博"。AI 生成的内容如下。

【关键词】

写一篇 500 字左右的关于大学毕业的长文微博

【AI 生成的内容】

#毕业季，不说再见#

四年光阴，如白驹过隙。今天，我站在这个布满我青春回忆的校园，心中充满了无限的不舍与感慨。

还记得那年秋天，我们背着行囊，满怀憧憬地踏入这所大学。那时的我们，青涩、懵懂，对未来充满了好奇与期待。四年的时光里，我们共同经历了无数个日夜，从图书馆的灯火通明，到操场的欢声笑语，每一处都留下了我们青春的足迹。

……

扫码
看视频

3.3.6 行业文章的 AI 创作实例

行业文章是指围绕不同行业的产品或服务进行宣传推广、信息分享等的文字内容。常见的行业文章有汽车类文章、数码类文章、房产类文章、美食类文章等。

撰写行业文章时，首先需要选择合适的媒体进行发布，不同的媒体有不同的用户，且有不同的语言风格和排版需求；其次是尽量使用简洁、有说服力的语言，能起到好的宣传效果；最后是定期更新产品的宣传资料，让用户了解最新的动态。下面以天工 AI 为例，介绍用 AI 生成美食类行业文章的方法。

首先输入对话前提，如输入关键词"提供一篇推荐美食小吃的文章示例"，确保 AI 了解美食类文章的写法。AI 生成的内容如下。

【关键词】

提供一篇推荐美食小吃的文章示例

【AI 生成的内容】

探寻城市味蕾，那些你不能错过的美食小吃！

大家好，作为一个热衷于探索美食的吃货，今天我要为大家推荐几款不能错过的城市美食小吃！每一口都是对味蕾的极致挑战，快来一起看看吧！

首先推荐的是北京炸酱面。这碗面条看似普通，但酱料的独特配方和面条的劲道口感，让人难忘。每一口都散发着浓郁的酱香，搭配黄瓜丝、豆芽等清爽配菜，简直是夏天的绝配！

接下来是四川的麻辣火锅。火辣辣的红油，搭配各种新鲜的肉类、海鲜和蔬菜，让人垂涎欲滴。吃上一口，麻辣鲜香瞬间充斥口腔，让人欲罢不能。再配上冰镇的啤酒或酸梅汤，简直是人间美味！

然后是上海的生煎包。这款小吃外皮金黄酥脆，内馅鲜美多汁，咬一口汤汁四溢，口感十分丰富。搭配一碗热腾腾的豆浆，早餐吃它，一天都充满活力！

最后要推荐的是广东的肠粉。这款小吃看似简单，但制作起来十分讲究。它选用优质的大米磨成米浆，蒸制出薄如蝉翼的肠粉皮，再搭配各种鲜美的馅料，淋上特制的酱汁，口感滑嫩，味道鲜美。每一口都是极致享受！

当然，每个城市都有属于自己的美食小吃，以上只是冰山一角。如果你也是个吃货，不妨去你的城市寻找一下那些隐藏在街头巷尾的美食小吃，相信你会有不一样的味蕾体验！

＃美食推荐＃ ＃小吃攻略＃ ＃城市味蕾＃

接着输入具体的需求，让 AI 生成详细的文章内容，如输入关键词描述"请写一篇 300 字左右的文章，主题为'长沙街边小吃推荐'，内容包括：有吸引力的标题、推荐的街边小吃和推荐原因，结尾与用户有互动"。AI 生成的内容如下。

【关键词】

请写一篇 300 字左右的文章，主题为"长沙街边小吃推荐"，内容包括：有吸引力的标题、推荐的街边小吃和推荐原因，结尾与用户有互动

【AI 生成的内容】

长沙街头，小吃盛宴等你来尝！

长沙，一个充满烟火气的城市，街头巷尾的小吃更是让人流连忘返。首推臭豆腐，外皮酥脆，内里嫩滑，配上特制的辣椒酱，味道独特且令人难忘。再来一份糖油粑粑，金黄酥脆，甜而不腻，是甜食爱好者的首选。还有姊妹团子，软糯可口，馅料丰富，每一口都能带来满满的幸福感。

下次来长沙，不妨放慢脚步，走进这些小吃摊位，让味蕾尽情享受这份独特的长沙味道吧！

＃长沙小吃推荐＃ 你还知道哪些长沙必尝的小吃？快来分享吧！

本 章 小 结

本章深入探讨了新媒体文章的 AI 生成流程，并通过举例详细地为读者介绍了 AI 创作新媒体文章的 7 大类型，如产品介绍类文章、行业分析类文章、事件评论类文章、人物专访类文章、品牌推广类文章、技术解读类文章及情感故事类文章等。最后，列举了包括公众号文章、小红书文章、头条号文章、大鱼号文章、微博文章以及行业文章等在内的新媒体文章的 AI 创作实例。通过本章内容的学习，读者能够掌握运用 AI 创作新媒体文章的流程，高效创作新媒体文章。

课后习题

鉴于本章知识的重要性，为了帮助读者更好地掌握所学知识，下面通过课后习题，帮助读者进行简单的知识回顾和补充。

1. 以豆包为工具，输入你感兴趣的话题，尝试让 AI 生成一篇事件评论类文章。

2. 以 ChatGPT 为工具，让 AI 充当记者，与 AI 对话并引导它生成一篇人物专访类文章。

第 4 章

图片内容，AI 打造新媒体视觉盛宴

　　在新媒体文章中，适宜的图片能够成为文章的点睛之笔。运营者若想吸引更多的读者，创作精美的图片必不可少。因此，利用 AI 生成图片成为不少运营者的首选。本章将以即梦为例，详细介绍如何运用 AI 快速创作新媒体图片内容。

4.1　使用 AI 文生图功能创作新媒体图片

在新媒体文章中，恰当的图片元素能够为文章增添亮点，让内容引人入胜，从而吸引更多的读者点击、阅读和分享。因此，图片内容对于新媒体文章的重要性不言而喻，是提升文章质量、吸引用户目光的关键因素之一。

借助 AI，运营者可以快速生成符合特定主题、风格和需求的图片，从而提升新媒体文章的视觉效果和吸引力。本节将以即梦为例，介绍使用 AI 文生图功能创作新媒体图片的方法，帮助大家更好地运营新媒体账号。

即梦强大的图片生成能力让许多人对这个领域充满无限遐想，特别是它的文生图功能，只需通过简单的文本描述即可生成精美、生动的图片。这为新媒体运营者的图片内容创作提供了极大的便利。

通过精心挑选的描述词和细致的参数调整，运营者可以引导 AI 理解自己的创作意图，并生成符合自己愿景的新媒体图片。通过 AI 的辅助，即使是没有深厚绘画功底的运营者，也能实现心中所想，创作出令人惊叹的艺术图片。

4.1.1　输入描述词快速生成新媒体图片

扫码
看视频

文生图是即梦"AI 作图"功能中的一种绘图模式，它可以通过选择不同的模型，填写描述词（通常称为提示词或关键词）和设置参数来生成我们想要的新媒体图片。例如，某美食博主想要制作一张番茄炒蛋的文章配图，可以使用 AI 的文生图功能快速制作出想要的图片，效果如图 4-1 所示。

图 4-1　AI 文生图效果展示

下面介绍输入描述词快速生成新媒体图片的操作方法。

步骤 01　进入即梦的官网首页，在"AI 作图"选项区中单击"图片生成"按钮，如图 4-2 所示。

图 4-2　单击"图片生成"按钮

步骤 02 执行操作后，进入"图片生成"页面，输入相应的描述词，用于指导 AI 生成特定的图片，如图 4-3 所示。

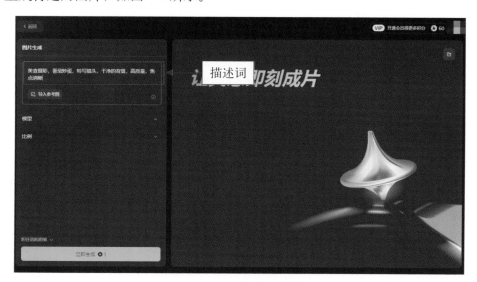

图 4-3　输入相应的描述词

步骤 03 单击"立即生成"按钮，即可生成 4 张图片，效果如图 4-4 所示。单击相应的图片，可以查看大图效果。

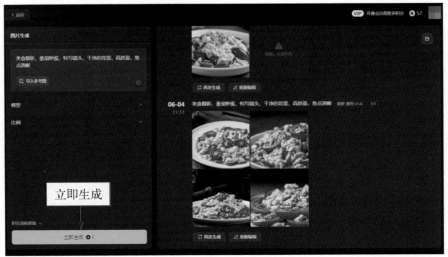

图 4-4　生成 4 张图片效果

专家提醒

尽管使用了完全相同的描述词、模型和生成参数，但 AI 每次生成的图片效果仍会有所差异。这种差异性源于 AI 模型的随机性，即使在相同的条件下，AI 也会以不同的方式解释和执行指令，产生独特的新媒体图片效果，从而赋予了新媒体图片创作无尽的潜力和新鲜感。

4.1.2　设置精细度提升新媒体图片质量

扫码
看视频

在即梦的"图片生成"功能中，精细度是一个关键的生成参数，它直接影响最终图片的清晰度和细节丰富度。

通过增加精细度数值，AI 可以生成细节更丰富、更清晰的新媒体图片，从而提供更逼真和更细致的视觉效果，但这种高质量图片的生成过程需要更多的计算资源和时间。图 4-5 所示为不同精细度参数生成的图片效果对比。

下面介绍设置精细度提升新媒体图片质量的操作方法。

步骤 01　进入"图片生成"页面，输入相应的描述词，用于指导 AI 生成特定的图片，如图 4-6 所示。

步骤 02　单击"模型"选项右侧的 按钮，展开"模型"选项区，将精细度设置为 10，如图 4-7 所示。较低的精细度意味着 AI 在渲染图片时所需的计算资源较少，这在硬件资源受限的情况下尤其有用。

图 4-5 不同的精细度参数生成的图片效果对比

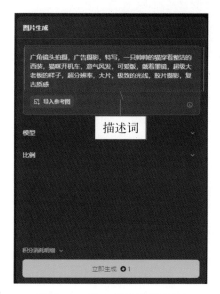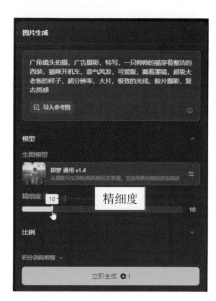

图 4-6 输入相应的描述词   图 4-7 将精细度设置为 10

专家提醒

　　精细度的提高，意味着 AI 需要在图像的每个像素点上进行更复杂的计算，包括颜色的渐变、纹理的生成、光影效果的处理等。

　　因此，随着精细度的提高，图像的生成时间也会相应延长。运营者在追求高质量新媒体图像的同时，需要权衡生成时间和计算成本。

步骤 03 单击"立即生成"按钮，即可生成相应的图片效果。可以看到，较低的精细度会导致生成的图片细节减少，一些细微的纹理和色彩渐变可能不会被充分展现，如图 4-8 所示。

图 4-8 低精细度生成的图片效果

步骤 04 设置"精细度"为 40，单击"立即生成"按钮，生成相应的图片效果。可以看到，图片的细节更加丰富和清晰，同时物体表面的纹理和材质看起来也更加真实和细腻，如图 4-9 所示。

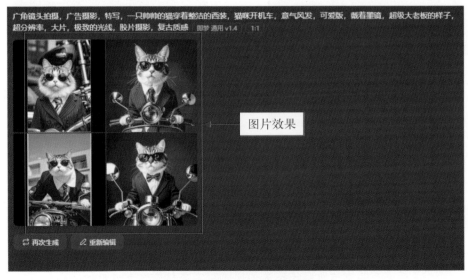

图 4-9 高精细度生成的图片效果

4.1.3 快速设置新媒体图片的比例尺寸

即梦的比例参数中有几个预设选项，具体包括 16：9、3：2、4：3、1：1、3：4、2：3、9：16 等常见比例。例如，16：9 是一种广泛应用于现代电视和显示器的宽屏比例，适合多种自媒体内容场景，特别是在需要展示宽阔视野或强调视觉冲击力的情况下。16：9 的图片效果如图 4-10 所示。

图 4-10 比例为 16：9 的图片效果

下面介绍快速设置新媒体图片比例尺寸的操作方法。

步骤 01 进入"图片生成"页面，输入相应的描述词，用于指导 AI 生成特定的图片，如图 4-11 所示。

步骤 02 单击"比例"选项右侧的 按钮，展开"比例"选项区，选择 16：9选项，如图 4-12 所示。

图 4-11 输入相应的描述词

图 4-12 选择 16：9 选项

步骤 **03** 单击"立即生成"按钮，即可生成相应比例的图片，效果如图 4-13 所示。

图 4-13　生成相应比例的图片效果

步骤 **04** 单击相应的图片缩览图，即可预览大图效果，如图 4-14 所示。

图 4-14　预览大图效果

4.2　使用 AI 图生图功能创作新媒体图片

即梦的图生图功能大幅强化了 AI 的图片生成控制能力和出图质量，运营者可以让 AI 散发出更加个性化的创作风格，生产出富有创意的数字艺术画作。

使用即梦的图生图功能时，运营者可以设置一定的参考内容，包括主体、人物长相、边缘轮廓等，从而引导 AI 描绘出自己的心中所想。本节将重点介绍即梦的以图生图 AI 绘画技巧，帮助运营者创作出更加个性化的新媒体图片。

4.2.1　通过参考主体内容用 AI 以图生图

在新媒体平台上，经常可以看到不同风格的图片，其实使用即

扫码
看视频

梦的图生图功能就可以轻松实现。即梦的以图生图功能允许运营者以一个参考主体为基础，通过 AI 的想象力和创造力，衍生出全新风格的图片。原图与 AI 衍生图效果对比如图 4-15 所示。

图 4-15　原图与 AI 衍生图效果对比

下面介绍通过参考主体内容用 AI 以图生图的操作方法。

步骤 01　进入"图片生成"页面，单击"导入参考图"按钮，如图 4-16 所示。

步骤 02　执行操作后，弹出"打开"对话框，选择相应的参考图，如图 4-17 所示。

图 4-16　单击"导入参考图"按钮　　　　**图 4-17　选择相应的参考图**

步骤 03 单击"打开"按钮，弹出"参考图"对话框，添加相应的参考图；选中"主体"单选按钮，系统会自动识别并选中图片中的主体对象，如图 4-18 所示。

步骤 04 单击"保存"按钮，即可上传参考图，输入相应的描述词，用于指导 AI 生成特定的图片，如图 4-19 所示。

图 4-18　选中"主体"单选按钮

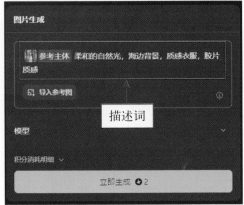

图 4-19　输入相应的描述词

步骤 05 单击"立即生成"按钮，即可生成相应的图片，画面中的主体不变，但背景会根据描述词产生相应的变化，效果如图 4-20 所示。

图 4-20　生成相应的图片效果

专家提醒

　　图生图功能突破了 AI 完全随机生成图片的局限性，为图片创作提供了更多的可能性，进一步提升了即梦在数字艺术创作等领域的应用价值。图生图功能的主要特点如下。

- 基于输入的参考图进行生成，保留主要的样式和构图。
- 支持添加文本描述，指导图片的生成方向，如修改风格、增强细节等。
- 可以通过分步渲染逐步优化和增强图片细节。
- 借助参考图内容，可以明显改善和控制生成的图片效果。
- 可以模拟不同的艺术风格，并通过文本描述进行风格迁移。

4.2.2　通过参考人物长相用 AI 以图生图

扫码
看视频

　　借助即梦的图生图功能，运营者能够以人物长相作为参考对象，根据人物的面部特征生成具有个性化和艺术性的视觉作品。例如，通过借鉴某些人物的独特气质与魅力，运用先进的图片生成技术，以图生图，可以精心打造出一张张充满创意与个性的新媒体图片。原图与 AI 衍生图效果对比如图 4-21 所示。

图 4-21　原图与 AI 衍生图效果对比

　　下面介绍通过参考人物长相用 AI 以图生图的操作方法。

　　步骤 01　进入"图片生成"页面，单击"导入参考图"按钮，弹出"打开"对话框，选择相应的参考图，如图 4-22 所示。

步骤 02 单击"打开"按钮,弹出"参考图"对话框,添加相应的参考图;选中"人物长相"单选按钮,系统会自动识别并选中图片中的人物面部,如图 4-23 所示。

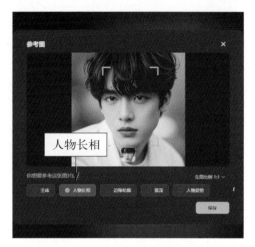

图 4-22 选择相应的参考图　　　　图 4-23 选中"人物长相"单选按钮

步骤 03 单击"保存"按钮,即可上传参考图,输入相应的描述词,用于指导 AI 生成特定的图片,如图 4-24 所示。

步骤 04 单击"立即生成"按钮,AI 会根据参考图中的人物面部特征生成相应的图片,效果如图 4-25 所示。

图 4-24 输入相应的描述词　　　　图 4-25 生成相应的图片效果

专家提醒

AI 在识别图片中人物特征时，其过程是通过一系列复杂且高级的技术手段来实现的：首先利用先进的面部检测算法定位到图像中的人脸，然后通过深度学习的强大模型（如卷积神经网络）提取面部区域的关键特征，如眼睛、鼻子、嘴巴的形状和位置，以及情感和表情等。

AI 还会进行面部对齐、特征匹配和上下文理解等处理，以提高识别的准确性。随着技术的不断进步和大量数据的训练，AI 在面部识别和特征分析方面变得越来越精准，被广泛应用于从安全监控到社交媒体的多个领域。

4.2.3　通过参考边缘轮廓用 AI 以图生图

扫码
看视频

借助即梦的图生图功能，运营者可以将图片中特定对象的边缘轮廓作为参考对象，然后 AI 会根据这些轮廓生成新的新媒体图片。原图与 AI 衍生图效果对比如图 4-26 所示。

图 4-26　原图与 AI 衍生图效果对比

下面介绍通过参考边缘轮廓用 AI 以图生图的操作方法。

步骤 01　进入"图片生成"页面，单击"导入参考图"按钮，弹出"打开"对话框，选择相应的参考图，如图 4-27 所示。

步骤 02　单击"打开"按钮，弹出"参考图"对话框，添加相应的参考图，选中"边缘轮廓"单选按钮，系统会自动检测图片中对象的边缘轮廓，并生成相应的轮廓图，如图 4-28 所示。

图 4-27　选择相应的参考图　　　　图 4-28　选中"边缘轮廓"单选按钮

专家提醒

　　AI 可以识别和提取图片中对象的边缘轮廓，主要是通过运用 Sobel、Canny 等经典的边缘检测算法来实现的。这些算法通过不同的方式分析图片中的像素变化，从而准确勾勒出对象的边缘轮廓，为后续图片分析和处理提供重要的基础图片。

　　其中，Sobel 是一种用于边缘检测的离散微分算子，主要用于估算图片中亮度变化的大小和方向，它通过空间滤镜技术突出图片的边缘特征。Canny 算法则更为先进，它是一种更复杂的边缘检测算法，能够在保持边缘精确性的同时，有效地抑制图片中的噪声干扰。

　步骤 03　单击"参考程度"按钮，将其参数设置为 50，可以控制 AI 生成图片时对原始边缘轮廓的依赖程度，如图 4-29 所示。

　步骤 04　单击"居中裁切"按钮，在弹出的列表中可以选择新图的裁切方式，包括"居中裁切"和"适应画布"两种方式。这里保持默认设置即可，如图 4-30 所示。

图 4-29　设置"参考程度"参数　　　　　图 4-30　选择新图的裁切方式

专家提醒

　　运营者可以通过调整"参考程度"参数来决定 AI 在生成新图片时对原始轮廓的忠实度。高参考程度参数值意味着 AI 将更严格地遵循原始轮廓，低参考程度参数值则给予 AI 更多的自由来创新和调整轮廓。

　　选择"居中裁切"方式时，AI 会将图片的中心区域作为焦点，根据需要的尺寸进行裁切，去除多余的边缘部分，确保图片的主要元素保持在画面中心。"居中裁切"方式适用于需要特定比例或尺寸图片的场景。

　　步骤 05　单击"保存"按钮，即可上传参考图；输入相应的描述词，用于指导 AI 生成特定的图片，如图 4-31 所示。

　　步骤 06　选择相应的生图模型，单击"立即生成"按钮，AI 会根据参考图中的边缘轮廓特征生成相应的图片，效果如图 4-32 所示。

81

图 4-31　输入相应的描述词

图 4-32　生成相应的图片效果

4.3　使用 AI 快速编辑新媒体图片

在新媒体时代，视觉内容的重要性不言而喻。一张高质量的图片往往能够迅速吸引观众的注意力，并能有效传递信息，甚至引发情感共鸣。AI 在新媒体图片编辑中的应用，极大地提高了编辑效率，降低了技术门槛，使得即使是非专业的运营者，也能快速制作出专业级别的图片。

本节以即梦为例，介绍一些实用的 AI 图片编辑功能，这些功能将彻底改变运营者的新媒体图片编辑体验。

扫码
看视频

4.3.1　使用细节重绘功能优化新媒体图片效果

即梦的细节重绘功能可以修复新媒体图片中的一些瑕疵，如模糊、像素化或色彩失真等，从而显著提高新媒体图片的质量。原图与修复后的效果图对比如图 4-33 所示。

> **专家提醒**
>
> 细节重绘功能是一种先进的图像处理技术，它能够对图像中的细节进行增强和优化，使得原本模糊或不易辨认的部分变得更加清晰和生动。

图 4-33　原图与修复后的效果图对比

下面介绍使用细节重绘功能优化新媒体图片效果的操作方法。

步骤 01　进入"图片生成"页面，单击"导入参考图"按钮，弹出"打开"对话框，选择相应的参考图，如图 4-34 所示。

步骤 02　单击"打开"按钮，弹出"参考图"对话框，添加相应的参考图，单击"生图比例"按钮，在弹出的面板中选择 3 ∶ 4 选项，如图 4-35 所示。

图 4-34　选择相应的参考图

图 4-35　选择 3 ∶ 4 选项

步骤 03 执行操作后，即可将参考图的生图比例调整为竖图，如图 4-36 所示。

步骤 04 选中"边缘轮廓"单选按钮，系统会自动检测图片中对象的边缘轮廓，并生成相应的轮廓图，如图 4-37 所示。

图 4-36 将生图比例调整为竖图

图 4-37 选中"边缘轮廓"单选按钮

步骤 05 单击"保存"按钮，即可上传参考图；输入相应的描述词，用于指导 AI 生成特定的图片，如图 4-38 所示。

步骤 06 单击"立即生成"按钮，AI 会根据参考图中的边缘轮廓生成相应的图片，效果如图 4-39 所示。

图 4-38 输入相应的描述词

图 4-39 生成相应的图片效果

步骤 07 选择合适的图片，如选择第 2 张图片，单击下方的"细节重绘"按钮，如图 4-40 所示。

步骤 08 执行操作后，即可生成质量更高的图片，效果如图 4-41 所示。

图 4-40　单击"细节重绘"按钮　　　图 4-41　生成质量更高的图片效果

4.3.2　生成超清图增加图片分辨率

扫码
看视频

不管是文生图还是图生图，即梦每次都会同时生成 4 张图片。运营者看到比较满意的图片效果后，可以单击"超清图"按钮，一键放大图片，生成清晰度更高的新媒体图片。原图与超清图效果对比如图 4-42 所示。

图 4-42　原图与超清图效果对比

第 4 章　图片内容，AI 打造新媒体视觉盛宴

下面介绍生成超清图增加图片分辨率的操作方法。

步骤 ① 进入"图片生成"页面,单击"导入参考图"按钮,弹出"打开"对话框,选择相应的参考图,如图 4-43 所示。

步骤 ② 单击"打开"按钮,弹出"参考图"对话框,添加相应的参考图,选中"主体"单选按钮,系统会自动识别并选中图片中的主体对象,如图 4-44 所示。

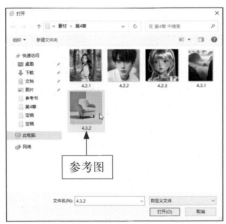

图 4-43　选择相应的参考图

图 4-44　选中"主体"单选按钮

步骤 ③ 单击"保存"按钮,即可上传参考图;输入相应的描述词,用于指导 AI 生成特定的图片,如图 4-45 所示。

步骤 ④ 单击"立即生成"按钮,AI 会根据参考图中的主体对象生成相应的图片,效果如图 4-46 所示。

图 4-45　输入相应的描述词

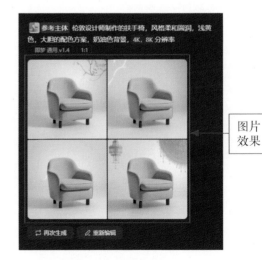

图 4-46　生成相应的图片效果

步骤 05　选择合适的图片，单击下方的"超清图"按钮 HD，如图 4-47 所示。

步骤 06　执行操作后，即可生成清晰度更高的图片，效果如图 4-48 所示。

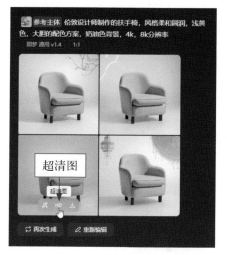

图 4-47　单击"超清图"按钮　　　图 4-48　生成清晰度更高的图片效果

专家提醒

HD 通常指的是 High Definition，即高清晰度。这个术语用来描述图像的分辨率，它比标准清晰度（SD，Standard Definition）的分辨率要高。高清晰度图像能够提供更多的细节和更清晰的视觉效果。具体来说，HD 图像通常指的是以下几种分辨率。

- 720p：水平分辨率为 1280 像素，垂直分辨率为 720 像素，p 代表逐行扫描。
- 1080p：水平分辨率为 1920 像素，垂直分辨率为 1080 像素，也是逐行扫描。

这些分辨率标准通常用于电视、电影、视频游戏和计算机显示器等，以提供更高质量的视觉体验。随着技术的发展，现在还有更高的分辨率标准，如 UHD（Ultra High Definition，超高清），包括 4K、8K 等，它们提供了比 HD 更高的图像清晰度和细节。以 1∶1 的方图为例，即梦生成的图像分辨率为 1024 像素 ×1024 像素，即宽度和高度均为 1024 像素。而超清图的分辨率达到了 2048 像素 ×2048 像素，也就是将初次生成的图像放大了 2 倍，细节会更加清晰。

4.3.3　一键修复新媒体图片中的瑕疵

使用即梦平台中的消除笔功能，运营者可以轻松地执行一键修复操作，无论是去除新媒体图片中的小瑕疵还是删除画面中不需要的杂物，都能迅速实现。原图与修复后的效果图对比如图 4-49 所示。

图 4-49　原图与修复后的效果图对比

下面介绍一键修复新媒体图片中的瑕疵的操作方法。

步骤 01　进入即梦的官网首页，在"AI 作图"选项区中单击"智能画布"按钮，如图 4-50 所示。

图 4-50　单击"智能画布"按钮

步骤 02 执行操作后，即可新建一个智能画布项目。单击左侧的"上传图片"按钮，如图 4-51 所示。

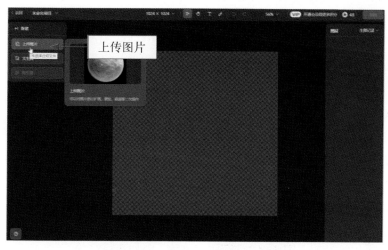

图 4-51　单击"上传图片"按钮

步骤 03 执行操作后，弹出"打开"对话框，选择相应的参考图，如图 4-52 所示。

步骤 04 单击"打开"按钮，即可将参考图添加到画布上，同时"图层"面板中会生成"图层 1"图层，如图 4-53 所示。

图 4-52　选择相应的参考图

图 4-53　生成"图层 1"图层

步骤 05 在图片上方的工具栏中单击"消除笔"按钮，如图 4-54 所示。

步骤 06 执行操作后，系统会弹出"消除笔"对话框，选取画笔工具，如图 4-55 所示。

图 4-54　单击"消除笔"按钮

图 4-55　选取画笔工具

步骤 07　设置画笔大小为 10，适当调粗画笔，如图 4-56 所示。

步骤 08　使用画笔工具✐涂抹图片左下角的广告语，如图 4-57 所示。

图 4-56　设置画笔大小参数

图 4-57　涂抹图片上的广告语

步骤 09　单击"消除笔"对话框右下角的"立即生成"按钮，如图 4-58 所示。

步骤 10　执行操作后，即可生成相应的图片，同时会将图片中的广告语元素去除，效果如图 4-59 所示。

专家提醒

在新媒体内容创作和图片编辑领域，即梦平台的消除笔功能为运营者提供了极大的便利。无论是由于拍摄条件限制造成的噪点，还是图片上的小污迹，消除笔都能够快速识别并清除，使图片恢复完美状态。

此外，在新媒体图片的拍摄过程中，画面中可能会意外出现一些不需要的物体，如路人、标志或其他干扰元素，使用即梦的消除笔功能，运营者可以轻松地将这些杂物从图片中移除。

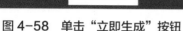

图 4-58　单击"立即生成"按钮　　　　图 4-59　生成相应的图片效果

4.3.4　一键智能抠图改变图片背景

即梦的智能抠图是一种高效的图片编辑功能，它利用先进的计算机视觉和机器学习算法，自动识别新媒体图片中的特定对象，并将它从背景中分离出来，创建一个透明的图层，同时可以用 AI 来改变新媒体图片背景。原图与效果图对比如图 4-60 所示。

扫码
看视频

图 4-60　原图与效果图对比

下面介绍一键智能抠图改变图片背景的操作方法。

步骤 01　新建一个智能画布项目，单击左侧的"上传图片"按钮，弹出"打开"对话框，选择相应的参考图，如图 4-61 所示。

步骤 02　单击"打开"按钮，即可将参考图添加到画布上，同时在"图层"面板中会生成"图层 1"图层，如图 4-62 所示。

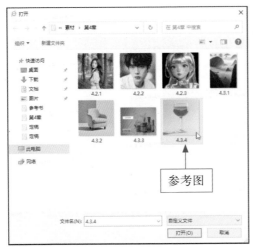

图 4-61　选择相应的参考图

图 4-62　生成"图层 1"图层

步骤 03　选择"图层 1"图层，在图片上方的工具栏中单击"抠图"按钮，如图 4-63 所示。

步骤 04　执行操作后，弹出"抠图"对话框，系统会自动在主体图片上创建相应的蒙版，如图 4-64 所示。

图 4-63　单击"抠图"按钮

图 4-64　创建相应的蒙版

步骤 05　单击"立即生成"按钮，即可自动抠出主体图片，同时背景变为透明图层，效果如图 4-65 所示。

步骤 06　在左侧的"新建"选项区中单击"图生图"按钮，展开"新建图生图"面板，输入相应的描述词，用于指导 AI 生成特定的图片，如图 4-66 所示。

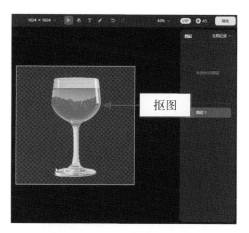

图 4-65 抠出主体图像效果

图 4-66 输入相应的描述词

步骤 07 展开"高级设置"选项区，选中"主体"单选按钮，如图 4-67 所示，让 AI 只重绘背景图片。

步骤 08 单击"立即生成"按钮，即可生成相应的背景图片和图层，效果如图 4-68 所示。

图 4-67 选中"主体"单选按钮

图 4-68 生成相应的背景图片和图层

本 章 小 结

本章详细介绍了利用 AI 文生图、AI 图生图创作新媒体图片以及用 AI 快速编辑新媒体图片的操作方法。通过本章内容的学习，读者能够掌握运用 AI 创作新媒体图片的各项技能，学会快速、高效地创作高质量的新媒体图片。

课 后 习 题

鉴于本章知识的重要性，为了帮助读者更好地掌握所学知识，下面通过课后习题，帮助读者进行简单的知识回顾和补充。

1. 使用 AI 生成主题为"春天的森林"的新媒体图片，效果如图 4-69 所示。

图 4-69　效果展示

2. 使用 AI 的图生图功能生成摄影类的新媒体图片，原图与效果图对比如图 4-70 所示。

图 4-70　原图与效果图对比

第 5 章

视频内容，AI 让新媒体精彩纷呈

富有感染力的视频能够迅速吸引用户的目光，激发其观看兴趣。因此，对于新媒体运营者来说，制作精彩的视频内容是账号成功运营的重要一步。本章以即梦和剪映为例，详细介绍如何运用 AI 技术快速创作和剪辑新媒体视频。

5.1　AI 助力新媒体视频创作

在 AI 时代，艺术创作与技术的结合催生了无数创新形式。本节将深入探讨一种新兴的 AI 艺术创作形式——AI 视频生成，它打破了传统视频制作的界限，能够将文字或图像转化为一场视觉盛宴。下面将以即梦为例，介绍用 AI 生成新媒体视频素材的技巧。

扫码
看视频

5.1.1　用 AI 实现文本生视频

即梦平台的"文本生视频"功能以简洁直观的操作界面和强大的 AI 算法，为运营者提供了一种全新的视频创作体验。不同于传统的视频制作流程，运营者无须精通视频编辑软件或拥有专业的视频制作技能，只需通过简单的文字描述，即可激发 AI 的创造力，生成一段段引人入胜的新媒体视频内容。AI 的文本生视频效果如图 5-1 所示。

图 5-1　效果展示

下面介绍用 AI 实现文本生视频的操作方法。

步骤 01 进入即梦的官网首页，在"AI 视频"选项区中单击"视频生成"按钮，如图 5-2 所示。

图 5-2 单击"视频生成"按钮

步骤 02 执行操作后，进入"视频生成"页面，切换至"文本生视频"选项卡，输入相应的描述词，用于指导 AI 生成特定的新媒体视频，如图 5-3 所示。

图 5-3 输入相应的描述词

步骤 03 单击"生成视频"按钮，即开始生成相应视频，并显示生成进度，如

图 5-4 所示。

步骤 04 稍等片刻,就会生成相应的视频效果。单击视频预览窗口右下角的"全屏预览"按钮 ⊞,如图 5-5 所示,即可全屏预览视频。

图 5-4 显示生成进度

图 5-5 单击"全屏预览"按钮

步骤 05 单击视频预览窗口右下角的"收藏"按钮 ☆,如图 5-6 所示,即可收藏本条视频。

步骤 06 单击视频预览窗口右下角的"下载"按钮 ⬇,如图 5-7 所示,即可下载本条视频。

图 5-6 单击"收藏"按钮

图 5-7 单击"下载"按钮

专家提醒

　　下载的视频会带有"即梦 Dreamina"的文字水印,运营者可以开通即梦会员,下载无水印的视频效果。

5.1.2　用 AI 实现图片生视频

在新媒体内容创作的世界里，AI 视频生成技术正以革命性的力量，改变着我们对视觉叙事的理解。下面将深入探讨即梦的"图片生视频"功能，向大家展示如何利用 AI 技术，将换为生动的新媒体视频内容。AI 图片生视频效果如图 5-8 所示。

图 5-8　效果展示

下面介绍用 AI 实现图片生视频的操作方法。

步骤 01　进入"视频生成"页面，默认为"图片生视频"选项卡，单击"上传图片"按钮，如图 5-9 所示。

步骤 02　执行操作后，弹出"打开"对话框，选择相应的参考图，如图 5-10 所示。

步骤 03　单击"打开"按钮，即可上传参考图，如图 5-11 所示。

图 5-9　单击"上传图片"按钮

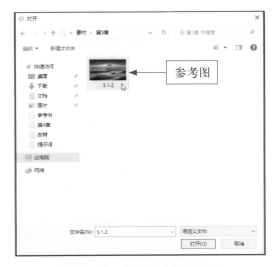

图 5-10　选择相应的参考图

 专家提醒

　　通过参考图，AI 能够理解并实现我们想要获得的内容和视觉效果，同时生成相应的新媒体视频效果。

　　步骤 04　展开"视频设置"选项区，设置"运动速度"为"慢速"，视频中的动作将会放慢，如图 5-12 所示。该设置可以让观众更清楚地看到视频中的每一个细节，增强视觉冲击力。

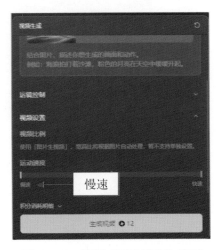

图 5-11　上传参考图

图 5-12　设置"运动速度"选项

步骤 ⑤　单击"生成视频"按钮，即开始生成相应视频，并显示生成进度，如图 5-13 所示。

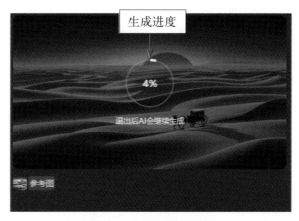

图 5-13　显示生成进度

步骤 ⑥　稍等片刻，即可生成相应的视频效果，如图 5-14 所示。

图 5-14　生成相应的视频效果

5.1.3　设置 AI 视频的比例

扫码
看视频

在"视频生成"页面的"文本生视频"选项卡中，运营者可以根据自己的需求选择新媒体视频比例。这些参数是预先设定好的，主要包括 3 种类型：横幅视频、方幅视频和竖幅视频。

运营者在输入了新媒体视频的文字描述之后，可以根据视频内容和目标发布新媒体平台的特点，选择合适的视频比例。横幅视频适用于传统的宽屏观看体验，方幅视频适合社交媒体平台，竖幅视频则迎合了移动设备上的观看习惯。

例如，16∶9 是被广泛接受的视频标准，这种比例的横幅视频在各种设备上的兼容性较好，包括电视、电脑、平板电脑和智能手机。如果新媒体视频内容是风景或者需要展示宽广视野的场景，横幅视频可能是最佳选择，效果如图 5-15 所示。

图 5-15　横幅视频效果展示

下面介绍设置 AI 视频比例的操作方法。

步骤 01　进入"视频生成"页面，切换至"文本生视频"选项卡，输入相应的描述词，用于指导 AI 生成特定的视频，如图 5-16 所示。

步骤 02　展开"视频设置"选项区，将视频比例设置为 16∶9，如图 5-17 所示，即可将视频比例调整为横幅。

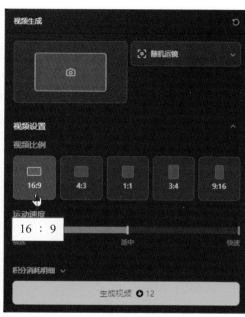

図 5-16 　输入相应的描述词　　　　　图 5-17 　设置"视频比例"参数

步骤 03 　单击"生成视频"按钮，即开始生成相应视频，并显示生成进度，如图 5-18 所示。

步骤 04 　稍等片刻，即可生成相应格式的视频效果，如图 5-19 所示。

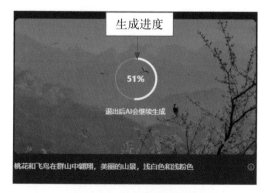

图 5-18 　显示生成进度　　　　　　图 5-19 　生成相应的视频效果

5.1.4 　设置 AI 视频的运镜类型

在新媒体视频制作的过程中，运镜是讲述故事和引导观众视线的重要方法。运镜不仅决定了新媒体视频的视觉风格，还能显著影响观众的情感反

扫码
看视频

应和对内容的理解。从平滑的推拉镜头到动态的旋转镜头，每一种运镜方式都能为新媒体视频注入独特的生命力。下面将深入介绍在即梦平台上生成 AI 视频时设置运镜类型的方法，从而提升新媒体视频的动态表现力和情感深度。

例如，推近运镜是一种在新媒体视频制作中广泛使用的技巧，它通过将镜头逐渐向拍摄对象靠近，使得画面的取景范围逐渐缩小，对象在画面中逐渐放大。推近运镜能够引导观众的视线，从宽阔的场景聚焦到特定的细节或人物，让观众更深入地感受到角色的内心世界，同时增强情感氛围的表现力。AI 推近运镜效果如图 5-20 所示。

图 5-20　效果展示

下面介绍设置 AI 视频运镜类型的操作方法。

步骤 01　进入"视频生成"页面中的"图片生视频"选项卡，单击"上传图片"按钮，弹出"打开"对话框，选择相应的参考图，如图 5-21 所示。

步骤 02　单击"打开"按钮，即可上传参考图，输入相应的描述词，用于指导AI 生成特定的视频，如图 5-22 所示。

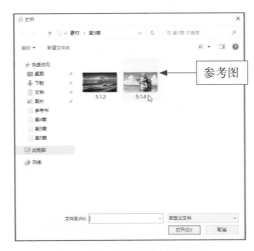

图 5-21　选择相应的参考图　　　　图 5-22　输入相应的描述词

推近运镜通过逐步缩小画面的取景范围，将观众的注意力集中到画面的主体上。随着次要元素逐渐移出画面，主要对象逐渐占据视觉中心，从而突出了主体人物，弥补了单一特写画面的不足，保持了画面时空的连贯性。

步骤 03　展开"运镜控制"选项区，在"运镜类型"列表框中选择"推近"选项，如图 5-23 所示。

步骤 04　展开"视频设置"选项区，设置"运动速度"为"慢速"，如图 5-24 所示，放慢视频中各元素的动作幅度。

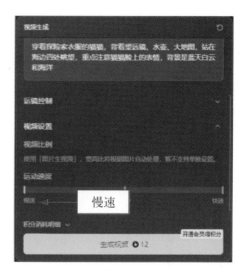

图 5-23　选择"推近"选项　　　　图 5-24　设置"运动速度"选项

推近运镜不仅能够引导观众的视线，还能通过画面结构的中心位置给观众留下鲜明的视觉印象。

步骤 05　单击"生成视频"按钮，即开始生成相应视频，并显示生成进度，如图 5-25 所示。

步骤 06　稍等片刻，即可生成相应的视频效果，如图 5-26 所示。

图 5-25　显示生成进度　　　　图 5-26　生成相应的视频效果

5.2　AI 赋能新媒体视频剪辑

艺术创作与 AI 技术的深度融合，不断推动着新媒体视频制作领域的创新。AI 视频剪辑技术的引入，极大地改变了新媒体视频制作的流程和方式，以更高效、智能的方式将视频素材转换为精彩的视觉作品。本节将以剪映为例，介绍利用 AI 进行新媒体视频剪辑的技巧。

5.2.1　用图文成片功能生成视频

扫码
看视频

使用"图文成片"功能可以为文字自动匹配视频、图片、音频和文字素材，快速完成新媒体短视频的制作，效果如图 5-27 所示。需要注意的是，在剪映中使用"图文成片"功能生成新媒体视频时，即使是相同的文案，每次生成的新媒体视频也可能会有差异。

图 5-27　效果展示

下面介绍用"图文成片"功能生成视频的操作方法。

步骤 01　进入剪映电脑版首页，单击"图文成片"按钮，如图 5-28 所示。

步骤 02 弹出"图文成片"窗口，单击"自由编辑文案"按钮，如图 5-29 所示。

图 5-28 单击"图文成片"按钮　　　　**图 5-29 单击"自由编辑文案"按钮**

步骤 03 为了让剪映智能生成文案，单击"智能写文案"按钮，如图 5-30 所示。

步骤 04 默认选中"自定义输入"单选按钮，输入"旅行注意事项，100 字左右"描述词，单击 → 按钮，如图 5-31 所示。

图 5-30 单击"智能写文案"按钮　　　　**图 5-31 单击相应按钮**

步骤 05 稍等片刻，生成文案结果。如果对文案满意，则单击"确认"按钮，如图 5-32 所示。

步骤 06 默认设置朗读人声选项，单击"生成视频"按钮，在弹出的列表框中选择"智能匹配素材"选项，如图 5-33 所示。

步骤 07 稍等片刻，即可生成视频。为了改变视频的画面背景，选择视频素材，在"画面"操作区中，设置"背景填充"为第一个模糊样式，单击"全部应用"按钮，如图 5-34 所示，将所有的片段都设置成相同的背景。

图 5-32　单击"确认"按钮

图 5-33　选择"智能匹配素材"选项

专家提醒

　　如果对生成的新媒体视频不满意，那么可以先复制生成好的文案，然后粘贴文案，再次生成视频。

图 5-34 单击"全部应用"按钮

5.2.2 用模板功能制作视频

目前，剪映电脑版没有图片玩法或者抖音玩法功能，因此无法合成 AI 照片。运营者可以使用"模板"功能制作新媒体写真视频，不过需要提前准备好照片素材。用"模板"功能制作的视频效果如图 5-35 所示。

图 5-35 效果展示

下面介绍用"模板"功能制作视频的操作方法。

步骤 01 进入剪映电脑版的首页,单击"模板"按钮,如图 5-36 所示,切换至"模板"选项卡。

步骤 02 为了搜索模板,在搜索栏中输入并搜索"簪花美女";在搜索结果中选择相应模板,并单击"使用模板"按钮,如图 5-37 所示。

图 5-36 单击"模板"按钮

图 5-37 单击"使用模板"按钮

专家提醒

运营者在使用模板时,应注意选择与新媒体视频内容和风格相匹配的模板,以确保视频的整体效果。在编辑视频的过程中,运营者还可以充分利用剪映电脑版提供的各种编辑功能,如动画、过渡效果等,使视频更加生动、有趣。

步骤 03 进入编辑界面,为了替换素材,单击第一段素材上方的"替换"按钮,如图 5-38 所示。

步骤 04 弹出"请选择媒体资源"对话框,在相应的文件夹中选择相应的 AI 写真图片,单击"打开"按钮,如图 5-39 所示,即可替换素材。

步骤 05 为了替换第二段素材的画面,在第二段素材的上方单击"替换"按钮,如图 5-40 所示。

步骤 06 弹出"请选择媒体资源"对话框,在相应的文件夹中选择相同的图片,单击"打开"按钮,如图 5-41 所示,替换同一张 AI 写真图片。

专家提醒

在制作新媒体视频的时候,如果一个素材没有制作出理想的画面效果,那么运营者可以更换素材,或者进行再次生成。

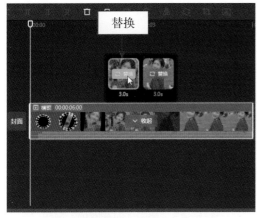

图 5-38　单击"替换"按钮

图 5-39　单击"打开"按钮

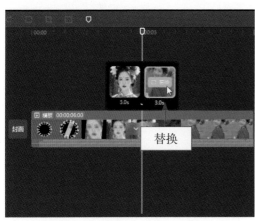

图 5-40　单击"替换"按钮

图 5-41　单击"打开"按钮

步骤 07　定位到视频的起始位置，单击"特效"按钮，进入"特效"功能区，切换至"金粉"选项卡，单击"仙尘闪闪"特效右下角的"添加到轨道"按钮，如图 5-42 所示，添加开场特效。

步骤 08　拖曳时间轴至视频 00:00:01:25 的位置，单击"向左裁剪"按钮，删除不需要的特效画面，如图 5-43 所示。

步骤 09　定位到"仙尘闪闪"特效的末尾位置，单击"金粉闪闪"特效右下角的"添加到轨道"按钮，如图 5-44 所示，继续添加特效。

步骤 10　调整"金粉闪闪"特效的时长，使其末尾位置对齐视频的末尾位置，如图 5-45 所示，增加画面的氛围感。

图 5-42　将"仙尘闪闪"特效添加到轨道

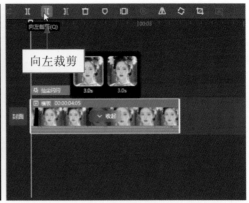

图 5-43　单击"向左裁剪"按钮

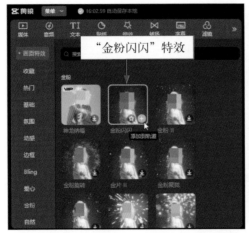

图 5-44　将"金粉闪闪"特效添加到轨道

图 5-45　调整"金粉闪闪"特效的时长

5.2.3　用剪映制作数字人视频

扫码
看视频

　　数字人也叫虚拟主播，其优势在于能够取代真人出镜，克服了
拍摄过程中可能遭遇的各种难题和限制，使新媒体视频内容更富有亲和力和个性化。
可以说，AI 数字人技术对新媒体视频制作产生了深远影响，打造了一种全新的新媒
体运营模式。剪映提供了制作数字人视频的多种功能，使得运营者能够轻松打造出
生动、有趣且富有吸引力的新媒体视频内容，效果如图 5-46 所示。

　　步骤 01　进入剪映电脑版的"媒体"功能区，为了添加背景素材，切换至"素材库"
选项卡，在搜索栏中输入并搜索"背景"，在搜索结果中单击所选素材右下角的"添
加到轨道"按钮，如图 5-47 所示。

步骤 02 执行操作后，即可添加背景素材，如图 5-48 所示。

图 5-46　效果展示

图 5-47　单击"添加到轨道"按钮

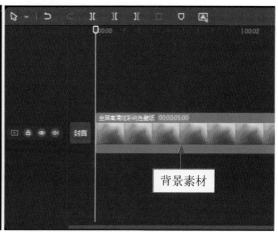

图 5-48　添加背景素材

步骤 03 单击"文本"按钮，进入"文本"功能区，单击"默认文本"右下角的"添加到轨道"按钮 ⊕，如图 5-49 所示，添加一段文本素材。

步骤 04 单击"数字人"按钮，进入"数字人"操作区，选择"小铭-沉稳"选项，单击"添加数字人"按钮，如图 5-50 所示，生成数字人视频素材。

图 5-49 单击"添加到轨道"按钮

图 5-50 单击"添加数字人"按钮

专家提醒

在制作数字人之前，需要设置视频背景和生成文案。在生成文案之前，运营者还需要确定新媒体视频的主题，再根据主题输入关键词，进而生成与主题密切相关的文案。

步骤 05 选择默认文本素材，单击"删除"按钮，如图 5-51 所示，删除文本。

步骤 06 选择数字人视频素材，单击"文案"按钮，进入"文案"操作区；输入相应文案，单击"确认"按钮，如图 5-52 所示。

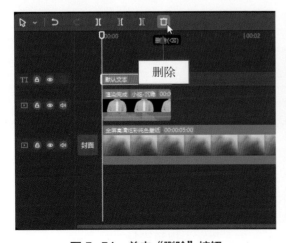

图 5-51 单击"删除"按钮

图 5-52 单击"确认"按钮

步骤 07 稍等片刻，即可渲染一段新的数字人视频素材（其中含有动态的数字人形象和文案解说音频），并将背景图片的时长调整为与数字人一致，如图 5-53 所示。

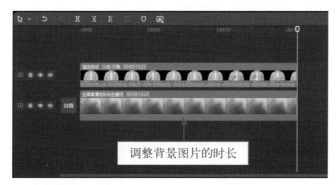

图 5-53　将背景图片的时长调整为与数字人一致

本 章 小 结

本章深入探讨了利用 AI 技术进行新媒体视频生成与剪辑的多种方式，并详细介绍了利用 AI 实现文本生视频、图片生视频、图文成片生成视频、用模板制作视频以及制作数字人视频的操作方法。通过本章内容的学习，读者能够掌握运用 AI 创作新媒体视频的各项技能，学会创作个性化、高质量的新媒体视频。

课 后 习 题

鉴于本章知识的重要性，为了帮助读者更好地掌握所学知识，下面通过课后习题，帮助读者进行简单的知识回顾和补充。

1. 用 AI 生成一个短视频空镜头，效果如图 5-54 所示。

图 5-54　短视频空镜头效果

2．用 AI 智能抠出视频中的人物，实现背景效果的更换，原图与换背景后效果对比如图 5-55 所示。

图 5-55　人物抠像换背景效果对比

第 6 章

音频内容，AI 让新媒体引人入胜

音频内容以其独特的魅力成为新媒体领域不可或缺的一部分。AI 的出现，不仅极大地丰富了音频内容，还使得新媒体的呈现形式更加引人入胜。本章将以讯飞配音和剪映为例，介绍用 AI 制作新媒体音频内容的方法。

6.1 用 AI 制作新媒体音频内容

如今，运营者可以利用 AI 技术来辅助或完全进行新媒体音频内容的创作、编辑和生成。AI 技术的应用，不仅能够提高制作效率，还能够使运营者的音频内容充满创意和个性化。

扫码
看视频

6.1.1 制作真人配音音频

使用讯飞配音的"真人配音"功能，可以实现将运营者提供的文字转换成真人的配音录音，从而丰富新媒体的内容。运营者在讯飞智作官网首页中单击"讯飞配音"标签，在弹出的列表框中选择"真人配音"|"立即制作"选项，即可进入真人配音制作页面，如图 6-1 所示。

图 6-1　进入真人配音制作页面

进入真人配音制作页面后，运营者可以输入需要进行配音的新媒体文本内容，单击页面上方"配音效果"右侧的"更换"按钮，弹出"选择配音效果"对话框，如图 6-2 所示。运营者可以在其中选择一个适合的配音演员。

图 6-2　"选择配音效果"对话框

当运营者成功提交订单并完成支付后，系统会根据所选的专业配音演员自动进行配音，将文本内容转换成符合要求的音频内容。配音完成后，运营者就可以进行预览和编辑，确保完全符合预期效果。最后，运营者可以导出音频文件，并将其用于新媒体内容创作。

6.1.2　使用配音主播

扫码
看视频

讯飞配音提供的配音主播分为两种类型：合成主播与真人主播。合成主播是通过语音合成技术生成虚拟主播声音，能够呈现出自然流畅的语音效果；真人主播是由真实的人类配音演员担任主播角色，以其独特的嗓音和表演技巧赋予角色真实、生动的情感。运营者可以根据自己的需求和喜好去选定配音主播，然后使用该配音主播提供的样音进行配音。具体操作方法如下。

步骤 01　在讯飞智作官网首页中单击"讯飞配音"标签，在弹出的列表框中选择"AI 配音"|"主播列表"选项，如图 6-3 所示。

步骤 02　执行操作后，进入"AI 配音 > 主播列表"页面，选择一个喜欢的主播音色，即可弹出所选主播的"合成主播详情"对话框，如图 6-4 所示。运营者在其中选择一个合适的样音进行使用即可。

图 6-3　选择"AI 配音"|"主播列表"选项

图 6-4　"AI 配音 > 主播列表"页面与"合成主播详情"对话框

步骤 ⓪③　在讯飞智作官网首页中单击"讯飞配音"标签，在弹出的列表框中选择"真人配音"|"主播列表"选项，如图 6-5 所示。

图 6-5　选择"真人配音"|"主播列表"选项

步骤 ⓪④　进入"真人配音 > 主播列表"页面，选择一个主播，即可弹出"真人主播详情"对话框，如图 6-6 所示。运营者在其中选择一个合适的样音进行使用即可。

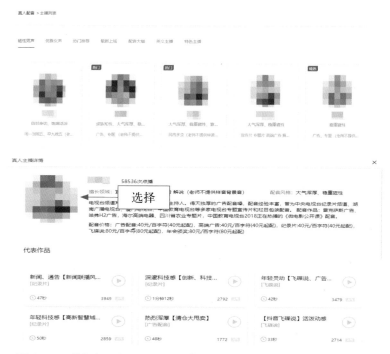

图 6-6　"真人配音 > 主播列表"页面与"真人主播详情"对话框

6.1.3　智能提取人声

在进行新媒体视频剪辑时，如果视频中的音频同时有人声和背景声，通过剪映的 AI 功能，我们可以轻松地将音频中的背景声消除，仅保留人声，从而让视频中的人声更加"干净"。视频画面效果如图 6-7 所示。

图 6-7　视频画面效果展示

下面介绍智能提取人声的操作方法。

步骤 01　在剪映的视频轨道上添加一段视频素材，如图 6-8 所示。

图 6-8　添加一段视频素材

步骤 02　在"音频"操作区中选中"人声分离"复选框，下方为系统默认设置的"仅保留人声"选项，如图 6-9 所示。执行操作后，即可仅保留视频中的人声。

图 6-9　选中"人声分离"复选框

6.2 用 AI 制作新媒体变声效果

在新媒体口播视频的制作过程中，变声处理是一种常见的音频处理技术，它可以帮助运营者为视频添加个性化的声音效果，或者在需要保护隐私的情况下隐藏原始声音。AI 变声技术不仅可以提高制作效率，还可以打造出传统方法难以实现的声音效果。本节将以剪映为例，介绍用 AI 制作新媒体变声效果的技巧。

6.2.1 用 AI 实现音色变化

AI 技术为运营者提供了音色变化技术，允许运营者将自己的声音转变为各种有趣的声音效果，如"猴哥""黛玉"和"熊二"等。这些声音效果不仅能够增强新媒体内容的娱乐性，还能为声音创作带来无限可能。视频画面效果如图 6-10 所示。

图 6-10　视频画面效果展示

下面介绍用 AI 实现音色变化的操作方法。

步骤 ⓪① 在剪映的视频轨道上添加一段视频素材，如图 6-11 所示。

图 6-11　添加一段视频素材

步骤 02 在"音频"操作区的"声音效果" | "音色"选项卡中，选择"猴哥"音色效果，如图 6-12 所示，即可更换声音音色。

图 6-12 选择"猴哥"音色效果

6.2.2 用 AI 添加场景音效果

剪映的 AI 场景音效果旨在模拟不同场景下的声音氛围，如留声机、乡村大喇叭、黑胶唱片、回音、电音和水下等。这些场景音效果能够为新媒体视频增添更多的氛围感和沉浸感。

例如，留声机是一种古老的声音播放设备，如今运营者可以通过剪映的 AI 变声技术模拟出留声机特有的声音效果——不论是视频中的背景音乐还是人声，都能为用户带来复古的听觉体验。视频画面效果如图 6-13 所示。

图 6-13 视频画面效果展示

下面介绍用 AI 添加场景音效果的操作方法。

步骤 01 在剪映的视频轨道上添加一段视频素材，如图 6-14 所示。

步骤 02 在"音频"操作区的"声音效果"|"场景音"选项卡中，选择"留声机"场景音，如图 6-15 所示，即可转变原声场景音效。

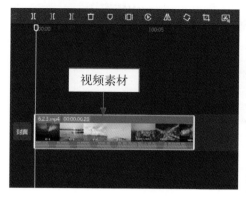

图 6-14　添加一段视频素材

图 6-15　选择"留声机"场景音

6.2.3　用 AI 实现声音成曲

扫码看视频

剪映为运营者提供了"声音成曲"这一独特的 AI 创意功能。通过 AI 技术，剪映可以将普通的语音音频或音乐片段转换为具有说唱形式或特定风格的曲调效果，为新媒体运营者提供更多的创作灵感和可能性。

例如，民谣作为音乐的一种形式，通常以简单、清新和真挚的旋律而深受人们喜爱。民谣的旋律一般不会过于复杂，多是采用简单、流畅的线条，这样的旋律容易让人记住，并且具有很强的传唱性。视频画面效果如图 6-16 所示。

图 6-16　视频画面效果展示

下面介绍用 AI 实现声音成曲的操作方法。

步骤 01 在剪映的视频轨道上添加一段视频素材，如图 6-17 所示。

步骤 02 在"音频"操作区的"声音效果"|"声音成曲"选项卡中，选择"民谣"曲调效果，如图 6-18 所示。执行操作后，即可制作"民谣"风格的曲调效果。

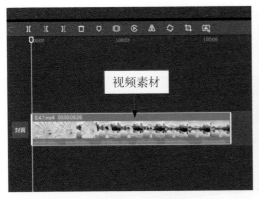

视频素材

图 6-17　添加一段视频素材

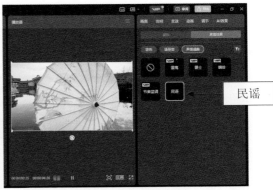

民谣

图 6-18　选择"民谣"曲调效果

本 章 小 结

本章深入探讨了如何利用 AI 技术制作生动有趣的新媒体音频内容，具体内容包括用 AI 制作新媒体音频内容和用 AI 制作新媒体变声效果两大方面。通过本章内容的学习，读者可以掌握有效的 AI 新媒体音频内容制作技巧，用音频来提升内容质量，为打造热门新媒体账号奠定扎实基础。

课 后 习 题

鉴于本章知识的重要性，为了帮助读者更好地掌握所学知识，下面通过课后习题，帮助读者进行简单的知识回顾和补充。

1. 用 AI 消除音频中的人声，仅保留背景音，视频画面效果如图 6-19 所示。

图 6-19　视频画面效果展示

图6-19　视频画面效果展示（续）

2. 选择一个你喜欢的音色，利用 AI 变换视频中的人声原音，视频画面效果如图 6-20 所示。

图6-20　视频画面效果展示

第 7 章

专业排版，AI 让新媒体内容更加出色

新媒体内容的排版与呈现方式对于吸引用户目光、提升阅读体验至关重要。AI 新媒体排版工具的出现，为运营者提供了丰富的选择和便利，不仅简化了排版流程，还通过智能算法提升了排版效果，让新媒体内容更加美观、专业。

7.1　AI 新媒体排版工具

　　AI 新媒体排版工具通过智能算法和丰富的功能，为新媒体运营者提供了一个高效且高质量的排版解决方案，使得新媒体内容的创作更加轻松、便捷。本节将重点介绍几个常用的 AI 新媒体排版工具，如 135 编辑器、美图设计室、AiMP、秀米排版编辑器等。

7.1.1　135 编辑器

　　135 编辑器主要用于新媒体长图文内容的编辑，其排版功能丰富多样，操作简便直观，能够帮助运营者快速创建出专业、美观的图文内容，提升新媒体文章的可读性和吸引力。图 7-1 所示为 135 编辑器的 "AI 排版" 功能页面。135 编辑器提供了一键排版功能，该功能可以根据运营者输入的新媒体文章内容，自动匹配最佳的排版样式和模板，然后一键生成排版后的文章。

图 7-1　135 编辑器的 "AI 排版" 功能页面

　　135 编辑器提供了极其丰富的预设样式，包括标题、正文、图片、引用、分割线等，运营者直接点击选择样式，便能将其应用到文本或图片上，实现快速且专业的排版。

　　另外，135 编辑器内置了多样化的全文模板库，这些模板适用于不同的领域、风格和场景。运营者直接选择符合需求的模板，然后替换模板中的内容，即可快速生成一篇完整的新媒体文章。

7.1.2　美图设计室

　　美图设计室是一款智能的海报生成和免费设计工具，不仅能为运营者提供丰富的设计资源和专业的设计支持，还可以帮助运营者提升排版效率并促进新媒体内容传播。

美图设计室不仅支持一键生成多种类型的海报，如新媒体文章中的图片、小红书封面等，还提供了海量的海报模板和正版素材 / 字体，运营者可以免费使用。图 7-2 所示为美图设计室平台上的小红书内页排版模板。

图 7-2 美图设计室平台上的小红书内页排版模板

7.1.3 AiMP

AiMP 是一款强大的 AI 辅助新媒体账号编辑工具，不仅能自动生成美观大方的版式，还能提供多种主题风格供运营者选择，满足不同新媒体文章风格和用户喜好。图 7-3 所示为 AiMP 平台的"AI 排版"功能页面。运营者可以直接在编辑器中输入或粘贴 Markdown 格式的文本。AiMP 将自动处理排版，无须手动调整，方便运营者在不同的新媒体平台上发布文章。

扫码
看视频

图 7-3 AiMP 平台的"AI 排版"功能页面

7.1.4　秀米排版编辑器

　　秀米排版编辑器是一款优秀的内容编辑器，不仅提供海量图片素材，为运营者生成专属风格设计，以打造独具特色的个人风格，还提供原创模板素材和精选风格排版，为运营者设计出独一无二的图文内容，以吸引目标读者。图 7-4 所示为秀米排版编辑器的图文排版功能页面。

图 7-4　秀米排版编辑器的图文排版功能页面

7.2　新媒体内容的排版技巧

　　如果说新媒体文章中的内容是让运营者与用户之间产生思想碰撞或共鸣的武器，那么运营者对文章内容的格式布局与排版就是给用户提供一种视觉上的享受。排版对一篇文章有很重要的作用，它决定了用户能否舒适地看完整篇文章，这对新媒体平台以电子文档形式传播的内容来说更重要。

　　因此，新媒体运营者在给用户提供好内容的同时，也要注意文章的排版，要让用户拥有精神与视觉的双重体验。本节将为大家介绍一些提升排版视觉效果的小技巧，让新媒体平台运营者用这些小技巧给用户带去更好的阅读体验。

7.2.1　排版风格要选好

　　当我们谈及为新媒体平台上的文章内容进行排版设计时，精心挑选适合的排版风格显得尤为重要。这不仅关乎文章的视觉呈现，还直接影响读者的阅读体验。选好内容排版风格的意义如图 7-5 所示。

提高工作效率	运营者选择好排版风格后，在以后的文章排版过程中能够节省很多时间，从而大大提高工作效率
形成自己的风格	运营者选好内容的排版风格，能够形成属于自己的独特风格，从而与竞争者形成差异，吸引更多用户

图 7-5　选好内容排版风格的意义

不同的新媒体账号因其所要传递的内容不同，在内容的排版风格上也会有所差异。以微信公众号"龙飞摄影"为例，其排版风格如图 7-6 所示。"标题＋文案＋图片"的混合排版风格，可以有效吸引读者的注意力，并传达丰富的信息。

图 7-6　微信公众号"龙飞摄影"的排版风格

7.2.2　色彩搭配要适宜

在进行新媒体文章内容排版的时候，运营者要特别注意色彩的搭配，尤其要注重所用文字的色彩搭配与所用图片的色彩搭配。

在进行字体颜色设置的时候，要以简单、清新为主。在设计过程中，切忌在单篇文章中过度使用多种颜色的字体。因为过多的颜色组合可能会让整篇文章显得杂乱无章，给用户带来一种混乱如调色盘的视觉感受，如图 7-7 所示。

同时，为了提升阅读体验和保证信息的有效传递，文字的颜色要以清晰可见为主，不能使用亮黄色、荧光绿这类容易让用户产生视觉疲劳的颜色，而要尽量以黑色或者灰黑色的颜色为主，如图 7-8 所示。

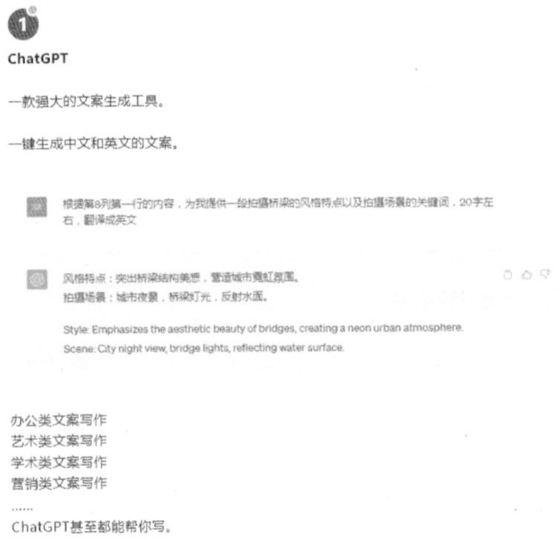
ChatGPT
一款强大的文案生成工具。
一键生成中文和英文的文案。
根据第8列第一行的内容，为我提供一段拍摄桥梁的风格特点以及拍摄场景的关键词，20字左右，翻译成英文
风格特点：突出桥梁结构美感，营造城市霓虹氛围。
拍摄场景：城市夜景，桥梁灯光，反射水面。
Style: Emphasizes the aesthetic beauty of bridges, creating a neon urban atmosphere.
Scene: City night view, bridge lights, reflecting water surface.
办公类文案写作
艺术类文案写作
学术类文案写作
营销类文案写作
……
ChatGPT甚至都能帮你写。

图 7-7　文章字体颜色组合示例

找高手，线下贴身学习
这种方式的优点是：效率高、沟通好、见效快。
基本上拍的机位，都是高手线下踩好的最佳机位。
缺点就是：费钱，所以只适合比较富有的摄友。
构图君曾有个小目标，就是找出国内摄影10大领域高手，一个一个贴身学习。
有个建议给到大家，有些摄友，每年都有旅游目标，不妨将单纯的跟团旅游，改为找摄影老师线下游学，这样既旅了游，还专业提高了摄影水平，出片率又快又好！
如果你有单反，且有富足的零花钱，想线下跟大咖学习，构图君可以给你推荐自己线下跟拍过四回的老师，有需要这位老师微信的，可以私下微我。

图 7-8　文章字体主要颜色示例

运营者在为文章选择图片时，需要注意图片色彩搭配是否适宜。而要做到图片的色彩搭配适宜，则需做到图片清晰、主题清晰和色彩准确。

7.2.3　文字间距要适宜

扫码看视频

在文字排版中，文字之间的间距把握十分重要，尤其是对用手机浏览新媒体文章的用户来说。文字间距要适宜，主要是指文字在 3 个方面的距离要适宜，具体包括字间距、行间距和段间距。

1. 字间距

字间距指的是横向间的字与字的间距，字间距的宽与窄不仅会影响用户的阅读感受，也会影响整篇文章篇幅的长短。

以今日头条为例，为大家讲一下文字的字间距。在今日头条发布文章时，运营者可以手动调节字间距，其主要包括 4 种类型，具体如图 7-9 所示。

> **专家提醒**
>
> 运营者在设置新媒体文章的字间距时，需要注意以下几个方面。
>
> (1) 正文的字号建议在 14 ~ 18 磅，以 16 磅最佳，适合手机屏幕阅读。
>
> (2) 如果文章篇幅较长，则字号可以偏大，宜控制在 16 ~ 18 磅。
>
> (3) 运营者如果想要偏精致的“文艺范”效果，则可以适当缩小字间距，宜将字号控制在 12 ~ 14 磅。

图 7-9　今日头条文章排版的 4 种字间距

2. 行间距

行间距指的是文字行与行之间的距离，行间距的大小决定了每行文字纵向间的距离，行间距的宽窄也会影响文章的篇幅长短。基于用户的阅读体验，一般会将行间距设置在 1.5 ~ 2 倍，其排版的视觉效果会比较好。

3. 段间距

段间距指的是段与段之间的距离，段间距的大小也同样决定了每行文字纵向间的距离。例如，在微信公众号后台，图文消息的段间距设置分为段前距与段后距两种。这两种段间距功能都提供了 7 种参数选项，如图 7-10 所示。

图 7-10　微信公众号后台的段前距与段后距参数

7.2.4 分割线的妙用

　　分割线在新媒体内容排版中具有装饰美观、留白休息、区分段落、引导阅读节奏与提升文章质量等多重作用，具体如图 7-11 所示。在排版时，运营者应根据新媒体文章的内容与风格选择合适的分割样式和位置，让观众获得最佳的阅读体验。

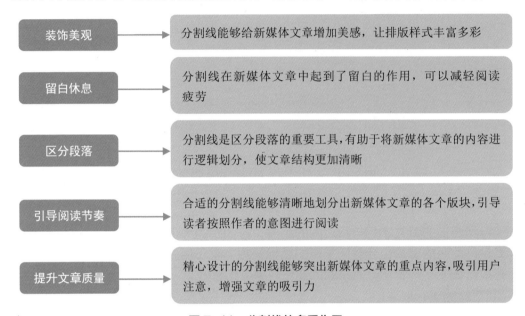

装饰美观	分割线能够给新媒体文章增加美感，让排版样式丰富多彩
留白休息	分割线在新媒体文章中起到了留白的作用，可以减轻阅读疲劳
区分段落	分割线是区分段落的重要工具,有助于将新媒体文章的内容进行逻辑划分，使文章结构更加清晰
引导阅读节奏	合适的分割线能够清晰地划分出新媒体文章的各个版块,引导读者按照作者的意图进行阅读
提升文章质量	精心设计的分割线能够突出新媒体文章的重点内容,吸引用户注意，增强文章的吸引力

图 7-11　分割线的多重作用

7.2.5 图文结合要谨慎

　　大多数新媒体平台的文章以图文结合为主要呈现形式，这样不仅能够直观地传递信息，还能通过视觉元素来提升内容的吸引力。因此，当我们谈论新媒体内容的排版时，图文排版无疑是一个不可忽视的重要环节。对于运营者来说，要想让文章的版式看起来舒服、易于阅读，就需要注意以下两个关键点。

1. 图片版式、大小一致

　　在同一篇新媒体文章中，用到的图片与版式要一致，这样给用户的感觉就会比较统一。图片的版式一致指的是，如果运营者在文章最开始用的是圆形图，那么后面的图片也要用圆形的；如果第一张图是矩形的，后面的图也都用矩形的。

　　例如，微信公众号"龙飞摄影"文章中使用的图片版式跟图片大小就是一致的，如图 7-12 所示，这样能给用户统一感。

图 7-12 图片版式、大小一致的文章示例

2. 图文间要有间距

图文之间的间距可以分为两种：一种是图片跟文字之间要隔开一段距离，不能太紧凑，如图 7-13 所示；另一种是图片跟图片之间不能太紧凑，而要有一定的距离，如图 7-14 所示。

图 7-13 图片与文字之间保持合理的间距　　　图 7-14 图片与图片之间保持合理的间距

扫码
看视频

7.2.6 版式简洁更舒适

如果在同一篇新媒体文章中使用过多的排版样式，就会使版面显得很杂乱，给用户造成不适感。因此，运营者在追求版式特色的同时也要注意版式的简洁性，在一篇文章中不要使用太多的排版样式。

有时候，简洁的版式反而会在众多杂乱的版式中自成一股清流，拥有自己的特色，吸引到更多用户。以微信公众号"龙飞摄影"为例，其文章的排版样式就非常简单，但是又有自己的特色，如图 7-15 所示。

图 7-15　版式简洁的公众号文章示例

本 章 小 结

本章为大家详细介绍了几种常用的 AI 新媒体排版工具，包括 135 编辑器、美图设计室、AiMP 和秀米排版编辑器。同时深入探讨了新媒体内容的排版技巧，旨在帮助运营者提升自己的排版技能，以创作出更加优秀的新媒体内容。通过本章内容的学习，读者可以了解到一些常用的 AI 新媒体排版工具和新媒体内容排版技巧，在提升排版效率的同时，让新媒体内容更加出色。

课 后 习 题

鉴于本章知识的重要性，为了帮助读者更好地掌握所学知识，下面通过课后习题，帮助读者进行简单的知识回顾和补充。

1. 在介绍的新媒体排版工具中，请选择一个工具并简述其主要特点和功能。
2. 请列举并解释新媒体内容排版中的三个重要技巧。

第 8 章

引流吸粉，AI 轻松提升账号关注度

在新媒体运营中，粉丝发挥着至关重要的作用。如何高效引流吸粉，提升账号关注度，成为每一个运营者需要关注的焦点。运营者可以利用 AI 推荐算法并结合热门引流技巧，快速提升新媒体账号和内容的曝光量。

8.1 看懂本质，了解 AI 推荐算法

AI 推荐算法是一种利用人工智能技术，通过分析用户的行为、偏好和内容特征，自动向用户推荐其可能感兴趣的信息或产品的技术。AI 推荐算法通常涉及数据挖掘、机器学习、自然语言处理等技术，能够从海量数据中提取有价值的信息，为用户提供个性化的内容推荐。

对于新媒体运营而言，AI 推荐算法具有重要的意义，它可以将运营者的内容更精准地触达目标用户，提高内容的曝光量和用户的参与度。通过 AI 算法，新媒体平台能够识别并推荐高质量的内容，这不仅能提升用户的阅读体验，还能有效提升运营者账号的流量和影响力，从而为新媒体引流和品牌建设提供强大助力。本节主要介绍 AI 推荐算法的实现方法，帮助大家看清新媒体平台的流量本质。

8.1.1 用户行为分析

扫码
看视频

AI 推荐算法会分析用户的历史行为，包括点击行为、浏览历史、停留时间、互动数据和搜索记录等，如图 8-1 所示，以确定用户的兴趣和偏好。

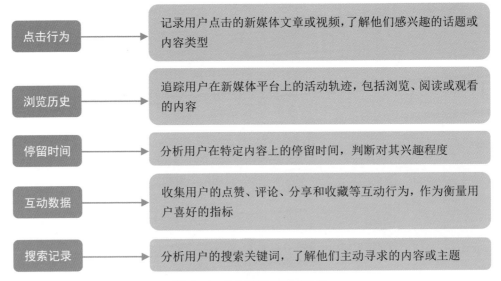

点击行为	记录用户点击的新媒体文章或视频，了解他们感兴趣的话题或内容类型
浏览历史	追踪用户在新媒体平台上的活动轨迹，包括浏览、阅读或观看的内容
停留时间	分析用户在特定内容上的停留时间，判断对其兴趣程度
互动数据	收集用户的点赞、评论、分享和收藏等互动行为，作为衡量用户喜好的指标
搜索记录	分析用户的搜索关键词，了解他们主动寻求的内容或主题

图 8-1 分析用户的历史行为

在上述数据的基础上，AI 首先会自动进行行为模式识别，通过分析用户的行为模式，识别其潜在的喜好和兴趣点；其次根据用户的注册信息，如年龄、性别、地理位置等构建基础用户画像，并基于用户行为分析，为用户打上不同的兴趣标签，如"科技爱好者""美食达人"等；最后根据用户的兴趣标签，推荐包含相关主题

或关键词的内容。

通过用户行为分析，新媒体平台能够更好地理解用户需求，提供个性化的内容推荐，从而提高用户满意度和平台的参与度。随着 AI 技术的发展，用户行为分析将变得更加精细和智能，从而为新媒体平台带来更高的运营效率和更好的用户体验。

8.1.2 内容理解

AI 推荐算法不仅分析用户行为，还需要理解内容本身，包括对新媒体内容的关键词、主题、情感倾向等进行分析，以确定新媒体内容的相关性和质量，进而为新媒体平台上的用户推荐个性化的内容。AI 推荐算法内容理解的基本流程如图 8-2 所示。

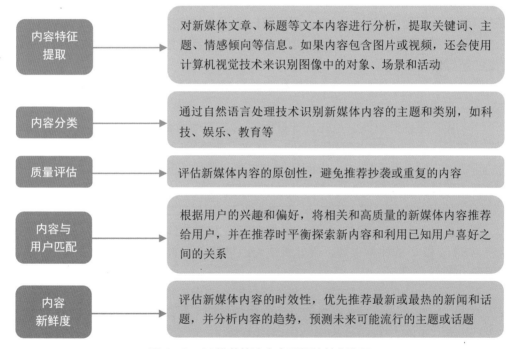

内容特征提取：对新媒体文章、标题等文本内容进行分析，提取关键词、主题、情感倾向等信息。如果内容包含图片或视频，还会使用计算机视觉技术来识别图像中的对象、场景和活动

内容分类：通过自然语言处理技术识别新媒体内容的主题和类别，如科技、娱乐、教育等

质量评估：评估新媒体内容的原创性，避免推荐抄袭或重复的内容

内容与用户匹配：根据用户的兴趣和偏好，将相关和高质量的新媒体内容推荐给用户，并在推荐时平衡探索新内容和利用已知用户喜好之间的关系

内容新鲜度：评估新媒体内容的时效性，优先推荐最新或最热的新闻和话题，并分析内容的趋势，预测未来可能流行的主题或话题

图 8-2　AI 推荐算法内容理解的基本流程

通过内容理解，AI 推荐算法能够更准确地把握用户需求，提供更加贴合用户兴趣的高质量内容，同时为运营者的内容带来更多流量。

8.1.3 协同过滤

协同过滤是一种常见的推荐技术，它通过找到与目标用户有相似行为的其他用户，然后向这些用户推荐他们喜欢的内容。

协同过滤主要分为两种类型：用户基协同过滤（user-based collaborative filtering）和项目基协同过滤（item-based collaborative filtering）。

1. 用户基协同过滤

用户基协同过滤是指通过寻找与目标用户兴趣相似的其他用户，然后向这些相似用户推荐他们喜好的新媒体内容。

首先，算法会计算用户之间的相似度，通常会使用余弦相似度、皮尔逊相关系数等方法；其次，选择与目标用户最相似的一组用户（又称邻居用户）；最后，根据邻居用户的行为来推荐内容，可以是他们评分高但目标用户尚未接触的内容。

2. 项目基协同过滤

与用户基协同过滤不同，项目基协同过滤关注的是新媒体内容之间的相似性。算法首先计算项目之间的相似度，同样可以使用余弦相似度等方法；其次，根据用户过去喜欢的新媒体内容，找到与之相似的其他内容；最后，向用户推荐这些相似度高的新媒体内容。

假设一个新媒体平台有多个用户和多篇文章，我们想要为用户 A 推荐新的新媒体文章，方法如下。

（1）用户基协同过滤。首先，计算用户 A 与其他所有用户的兴趣相似度，假设发现用户 B、C 与 A 的兴趣最为相似；其次，查看用户 B 和 C 最近阅读或高度评价的新媒体文章，而用户 A 尚未阅读这些文章；最后，向用户 A 推荐这些文章，因为根据协同过滤的原理，A 可能会对这些文章感兴趣。

（2）项目基协同过滤。用户 A 过去阅读了新媒体文章 X 和 Y，并给予了高度评价。算法会计算所有文章与 X 和 Y 的相似度，发现文章 Z 与它们非常相似。由于用户 A 对 X 和 Y 的评价很高，因此算法可以推断 A 可能对文章 Z 感兴趣，于是会向用户 A 推荐文章 Z。

通过这两种协同过滤方法，新媒体平台能够向用户推荐更加个性化的新媒体内容。然而，协同过滤也有其局限性，如冷启动问题（新用户或新内容缺乏足够的数据支持推荐）和数据稀疏性问题（用户和内容之间的交互数据不足）。为了解决这些问题，现代推荐系统通常会结合多种推荐技术，包括基于内容的推荐、深度学习等，以提高推荐的准确性和覆盖率，进而为运营者的内容带来更精准的流量。

8.1.4 基于内容的推荐

扫码
看视频

基于内容的推荐（content-based recommendation）是一种系统的推荐方法，它依据用户过去喜欢的新媒体内容特征向用户推荐具有相似特征的新内容。这种方法的核心在于分析和理解内容本身的属性，而不是依赖用户群体之间的交互行为。基于内容的推荐系统通常遵循如图 8-3 所示步骤。

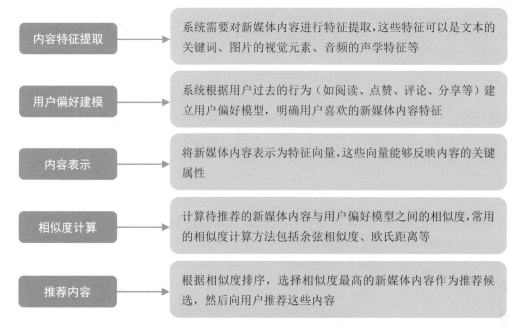

图 8-3　基于内容的推荐系统遵循的步骤

通过基于内容的推荐方法，新媒体平台能够向用户推荐与其兴趣紧密相关的内容，提高推荐的个性化和流量的精准度。这种方法尤其适用于新用户或内容较少的领域，因为它不依赖于大量的用户交互数据。

8.1.5　深度学习

深度学习（deep learning）是机器学习的一个重要分支，它主要基于人工神经网络，尤其是那些具有多层结构的网络，即深度神经网络（deep neural network，DNN）。深度学习算法能够学习数据的复杂模式和表现形式，处理非结构化数据，如图像、声音和文本。一些先进的新媒体内容推荐系统，会使用深度学习技术来更好地理解用户行为和内容特征，从而提供更准确的推荐。

深度学习模型的工作原理如下。

（1）层次结构。深度学习模型由多层神经元组成，每层学习数据的不同层次特征。底层可能学习简单特征，如边缘；而高层可能学习复杂特征，如物体的形状。

（2）非线性变换。每层通过非线性激活函数对输入数据进行转换，这使得网络能够学习和模拟复杂的函数映射。

（3）权重共享。每个神经元与前一层的多个神经元相连，并通过权重来调整输入信号的重要性。

（4）反向传播。在训练过程中，通过反向传播算法来计算损失函数关于网络参数的梯度，并利用这些梯度来更新网络的权重。

（5）优化算法。使用梯度下降或其变体（如 Adam、RMSprop）来最小化损失函数，从而训练网络。

（6）特征学习。网络能够自动学习特征，无须人工设计特征提取器。

通过深度学习，新媒体平台的推荐系统能够更准确地捕捉用户的兴趣和视频内容的特征，从而提供更个性化和准确的推荐。深度学习在推荐系统中的应用还包括增强用户画像、内容理解、点击率预测等方面。随着技术的不断发展，深度学习在新媒体推荐系统中的应用将变得更加广泛和深入。

8.1.6　算法驯化

在新媒体内容生产中，算法驯化是指运营者根据推荐算法的规则调整自己的内容创作策略，以获得更多的曝光量和流量。例如，一个专注于美食领域的新媒体运营者想要提高其视频在推荐系统中的表现，可以通过如图 8-4 所示的步骤来实现。

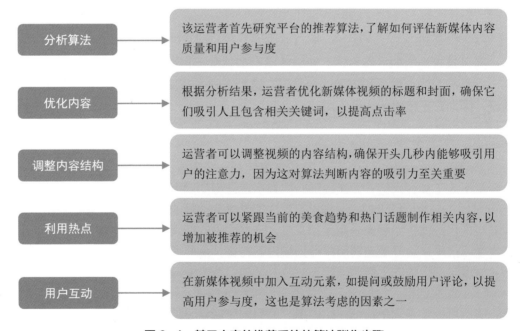

图 8-4　基于内容的推荐系统的算法驯化步骤

通过算法驯化，新媒体运营者能够更好地与推荐算法协同工作，提高新媒体内容的可见性和用户参与度，最终实现更高的流量和影响力。然而，算法驯化也需要注意保持新媒体内容的真实性和创造性，避免过度迎合算法而牺牲内容质量。

8.2 AI 加持，新媒体引流的常用方法

除了要掌握 AI 推荐算法外，运营者还需掌握一些常用的新媒体引流技巧，如原创内容引流、付费推广引流、直播预告引流、评论功能引流、私域流量引流、矩阵账号引流、热门话题引流、线下 POI 引流等，从而吸引更多用户的关注。

8.2.1 原创内容引流

对于新媒体行业来说，流量的重要性是不言而喻的，很多运营者都在利用各种各样的方法来为账号或作品引流，目的就是提升粉丝量，打造爆款内容。流量的提升说难不难，说容易也不容易，关键是看你怎么做，舍得花钱的运营者可以采用付费渠道来引流，规模小的运营者则可以充分利用免费流量来提升曝光量。

对于有文章、短视频等创作能力的运营者来说，原创内容就是最好的免费流量。运营者可以把制作好的原创内容发布到新媒体平台，同时在账号资料部分进行引流，如昵称、个人简介等地方，都可以留下微信等联系方式。

对于新手而言，利用 AI 进行内容创作也是一个不错的选择。AI 可以分析用户喜好和趋势，预测热门话题和关键词，从而指导运营者创作出更符合用户需求的原创内容。

例如，通过分析用户数据，AI 可以指出用户对某一特定主题的关注度正在上升，从而促使运营者围绕这一主题创作原创文章或视频，进而提升内容关注度。

8.2.2 付费推广引流

在新媒体时代，内容的传播和用户的获取不再仅仅依赖于自然增长，付费推广工具成为扩大影响力、精准触达目标用户的重要手段。通过付费推广工具，新媒体运营者可以更有效地推广自己的内容，吸引潜在的关注者，从而实现品牌传播和商业价值的增长。

AI 可以优化付费推广策略，通过分析用户行为、兴趣点等数据，精准定位目标用户群体，提高广告的点击率和转化率。利用 AI 技术，新媒体运营者可以实时监测广告效果，并根据数据反馈调整广告内容和投放策略，实现更高效的推广效果。

例如，"DOU＋上热门"是抖音平台上的一款视频"加热"工具，可以实现将视频推荐给更多的兴趣用户，提升视频的播放量与互动量，以及提高视频中带货产品的点击率。运营者可以在抖音平台打开要引流的短视频，点击"分享"按钮，在弹出的"分享给朋友"菜单中点击"帮上热门"按钮，如图 8-5 所示。执行操作后，即可进入"DOU＋上热门"界面，如图 8-6 所示。

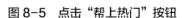

图 8-5　点击"帮上热门"按钮　　　图 8-6　"DOU +上热门"界面

在"DOU +上热门"界面中，运营者可以选择智能推荐人数和推广目标，同时可以设置期望提升的目标，包括点赞评论量、快速涨粉、主页浏览量等。另外，运营者能自行选择投放时长、投放人群，以及设置潜在用户地域、兴趣标签和达人相似粉丝等属性。

"DOU +上热门"工具适合有店铺、有产品、有广告资源、有优质内容等新媒体账号流量不足的运营者。需要注意的是，投放"DOU +"的视频必须是原创视频，内容完整度好，视频时长超过 7 秒，且没有其他 App 水印和非抖音站内的贴纸或特效。只要运营者的内容足够优秀，广告足够有创意，就有很大概率将"DOU +付费"获取的用户转化为留存用户，甚至变为二次传播的跳板。

8.2.3　直播预告引流

扫码
看视频

很多运营者在直播的过程中，都遇到过引流效果差、直播观看人数不稳定、缺少粉丝互动等问题。AI 可以预测热门话题和趋势，帮助运营者确定直播的主题和内容，以吸引更多潜在用户。另外，用户也有可能会遇到自己喜欢的运营者开播了但自己却不知道的情况，从而错过了精彩的内容和优质的商品。运营者可以利用 AI 分析工具分析历史直播数据，找出用户参与度最高、互动最频繁的时段，从而优化直播预告的发布时间。

下面介绍一些常用的直播引流技巧，以期帮助运营者让自己的直播间触达更多潜在用户，提升直播间的精准推荐与转化效果。

1. 利用直播预告贴纸吸粉

运营者可以发布直播预告视频，将直播时间和主题提前告诉用户，提升看播量和流量转化效率，同时进行精准"种草"与"收割"。另外，运营者还可以分析直播预告视频的观看和互动数据，提前预估直播流量，做好充分的准备工作，为直播间用户带来更好的互动体验。

2. 主播个人主页直播动态吸粉

运营者可以在自己的个人主页中设置与修改直播公告。当访问账号主页时，用户可以随时在"直播动态"栏中看到运营者发布的直播公告信息，点击后可以进入其详情界面，点击"想看"按钮可以进行预约。

在运营者的"直播动态"详情界面，所有粉丝都可以看到运营者过去直播场次的历史回顾，让开播历史有迹可循，同时让运营者的形象更加丰富立体。新用户可以通过对直播动态的回顾，加强与主播的互动与情感共鸣。

3. 直播引流的相关技巧

下面总结了一些直播引流的相关技巧。

（1）开播预热。在直播开始前 3 小时左右，发布一个短视频进行预热，这样开播时能够快速吸引粉丝进入直播间观看。

（2）直播预告。运营者可以在个人主页的简介区中，发布直播预告动态内容，告诉粉丝直播时间和主题。

（3）开播时间。运营者必须根据粉丝群体的属性来确定开播时间，确保开播时间契合粉丝的活跃时段，这样直播时才会有更多粉丝观看。

（4）标题封面。好看的封面能够让直播间吸引更多用户的关注，从而获得更多曝光量；在设计标题时，运营者则要尽量突出个人特点和内容亮点，展示主要的直播内容。

（5）分享直播间。开播后，运营者可以将直播间分享给好友和粉丝，同时充分展示自己的才艺，并通过各种互动玩法来提升直播间的人气。

（6）参与直播活动。运营者可以积极参与平台推出的直播活动，赢取更多曝光机会和流量资源。

8.2.4 评论功能引流

扫码
看视频

AI 可以监测和分析用户的评论，识别出潜在的积极评论者并引导他们进行更多互动。对于负面评论，AI 可以辅助运营者快速响应并提供解决方案，以减少负面影响并维护良好的用户关系。

另外，新媒体运营者也可以通过关注同行业或同领域的相关账号，评论他们的热门作品，并在评论中打广告，给自己的账号或者产品引流。

8.2.5 私域流量引流

AI 可以帮助运营者识别并吸引目标用户群体进入私域流量池，如微信群、QQ群等，运营者可以在此将自己的文章、短视频或直播间分享给目标用户。通过分析用户数据和行为模式，AI 可以制定个性化的私域流量运营策略，如定期推送有价值的内容、举办线上活动等，以增强用户黏性和活跃度。

以微信为例，运营者可以将抖音上的短视频作品分享给微信好友，如图 8-7 所示。收到短视频作品的用户直接在微信聊天界面点击该视频，即可查看视频内容，同时还会展示运营者的抖音账号。

图 8-7　将抖音上的短视频作品分享给微信好友

8.2.6 矩阵账号引流

矩阵账号是指通过同时运营多个不同类型的新媒体账号，从而打造稳定的粉丝流量池，整体的运营思维为"大号打造 IP ＋小号辅助引流＋最终大号转化"。

打造矩阵账号通常需要建立一个短视频团队，至少要配置 2 名运营者、1 名拍摄人员、1 名后期剪辑人员以及 1 名营销推广人员，从而保障矩阵账号的顺利运营。

在打造矩阵账号时，还有很多注意事项，如图8-8所示。

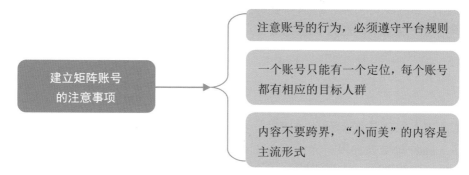

建立矩阵账号的注意事项

注意账号的行为，必须遵守平台规则

一个账号只能有一个定位，每个账号都有相应的目标人群

内容不要跨界，"小而美"的内容是主流形式

图8-8　建立矩阵账号的注意事项

AI可以协助管理多个新媒体账号，形成一个互相支持的矩阵账号体系。在不同账号间互相转发、分享内容，可以扩大内容的传播范围并吸引更多潜在用户。此外，AI还可以分析不同账号间的互动数据，找出最佳的合作方式和内容组合策略，以实现更高效的引流效果。

8.2.7　热门话题引流

不管是做短视频还是其他新媒体内容形式，只要内容与热点挂钩，通常都能得到极大的曝光量。那么，如何通过蹭热门话题，让新媒体文章的阅读量或短视频播放量快速破百万次呢？

大家千万不要小看热门话题的作用，想涨粉和带货的运营者一定要多留意热门话题。热点的传播速度非常快，运营者只要在热点出现的第一时间发布蹭热门话题的内容，即可大幅增加内容的曝光量和粉丝量。

运营者可以利用AI技术实时监测社交媒体平台上的热门话题和趋势，及时发布相关内容以吸引用户关注。运营者还可以利用AI分析工具深入了解热门话题的用户群体特征和兴趣点，从而制定更具针对性的内容策略。

当运营者在新媒体平台上发布内容后，平台会根据这个热点的热度，以及内容与热门话题的相关性，为内容分配相应的流量。

8.2.8　线下POI引流

新媒体的引流是多方向的，既可以从平台的公域流量池或者跨平台引流到账号本身，也可以将自己的私域流量引导至其他线上平台，尤其是本地化的新媒体账号，还可以通过平台给自己的线下实体店铺引流。

例如，用抖音给线下店铺引流的最佳方式就是开通企业号，并利用"认领POI（兴趣点）地址"功能，在POI地址页展示店铺的基本信息，实现线上到线下的流

扫码
看视频

扫码
看视频

量转化。

当然，要想成功引流，运营者还必须持续输出优质的内容，保证稳定的更新频率并多与用户互动，同时打造好自身的产品，从而为自己的新媒体账号带来长期的流量。

本 章 小 结

本章深入探讨了如何利用 AI 技术为新媒体账号进行引流吸粉，从而获得更多曝光量，提升账号关注度；为读者详细解释了 AI 推荐算法的实现方法，包括用户行为分析、内容理解、协同过滤、基于内容的推荐、深度学习以及算法驯化等；最后详细介绍了 8 种常用引流技巧，如原创内容引流、付费推广引流、直播预告引流、评论功能引流、私域流量引流、矩阵账号引流、热门话题引流和线下 POI 引流等。通过本章内容的学习，读者可以了解 AI 引流的原理，掌握有效的引流技巧，为新媒体账号的运营提供更精确的方向，轻松提升账号关注度。

课 后 习 题

鉴于本章知识的重要性，为了帮助读者更好地掌握所学知识，下面通过课后习题，帮助读者进行简单的知识回顾和补充。

1．请简述 AI 推荐算法在新媒体运营中如何帮助账号提升关注度，并举例说明。

2．请列举并解释 3 种 AI 引流技巧，并说明它们在新媒体运营中的具体应用。

第9章

运营推广，AI 赢得更多优质用户

　　AI 技术的广泛应用，不仅极大地提升了新媒体内容创作的效率和质量，更在精准营销、用户互动、社群运营等方面展现出巨大的潜力。利用 AI 技术可以帮助新媒体运营者制定更有效的推广策略，赢得更多优质客户。

9.1　主流新媒体平台的 AI 玩法

主流的新媒体平台（如抖音、快手、B 站等）涵盖了文字、图片、音频、视频等多种内容形式，满足了用户多样化的需求。随着 AI 的兴起，这些主流新媒体平台也紧跟潮流，利用人工智能、大数据等先进技术，为用户提供了更加个性化、智能化、趣味性强的 AI 玩法。

9.1.1　抖音平台的 AI 玩法

扫码
看视频

抖音是一款音乐创意短视频社交软件，整合了国内"抖友"发布的内容丰富、数量众多的短视频。随着技术的发展，抖音更是推出了很多 AI 玩法，为用户带来了更便捷、更智能、更有趣的创作和互动体验。下面介绍一些抖音平台的 AI 玩法。

（1）智能推荐功能。抖音通过深度学习和机器学习算法，对用户的浏览历史、点赞、评论等行为进行大数据分析，为每个用户生成个性化的内容推荐。用户每次打开抖音，都能看到自己感兴趣的内容。用户可以进入"常用功能 | 内容偏好 | 我的内容偏好"界面，设置智能推荐功能，如图 9-1 所示。

图 9-1　设置智能推荐功能

（2）AI 特效与滤镜功能。抖音提供了大量的 AI 特效和滤镜，用户可以通过简单的操作为视频添加各种炫酷的效果。图 9-2 为抖音上的"魔法特效"功能，可以拍出很多有趣的视频效果。

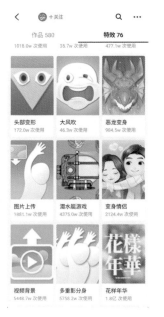

图 9-2 抖音上的"魔法特效"功能

（3）换脸功能。抖音平台的 AI 换脸功能允许用户将自己的面部特征替换到明星或动漫人物身上，创作出有趣的换脸视频，给用户带来全新的体验。相关示例如图 9-3 所示。

图 9-3 抖音的 AI 换脸功能示例

（4）智能剪辑与配乐功能。抖音内置了智能剪辑和配乐功能，用户只需上传视频素材，抖音就能根据视频内容自动剪辑和配乐，生成符合节奏和氛围的视频作品，如图 9-4 所示。

图 9-4　抖音的智能剪辑与配乐功能

扫码
看视频

9.1.2　快手平台的 AI 玩法

　　快手是一个功能丰富、用户广泛的短视频社交平台，为用户提供了丰富的娱乐和社交体验，同时也为运营者提供了更多的商业机会。作为短视频的巨头之一，快手的 AI 玩法多样又各具特色，这使得快手在短视频行业和直播领域具有更强的竞争力和吸引力。下面介绍一些快手平台的 AI 玩法。

　　（1）搭画快写 AI 功能。这是快手平台内置的一项 AI 功能，可以帮助用户轻松创作小红书风格的短视频。搭画快写 AI 能够自动搜寻与主题相关的素材，并快速创作出高质量的小红书短视频。此外，它还可以利用 NLP（natural language processing，自然语言处理）技术自动改写用户输入的文案，快速生成跨平台短视频。

　　（2）AI 玩评功能。快手在短视频评论区推出 AI 文生图功能，用户通过输入创意文字，可以一键生成海量风格图片，更便捷地在评论区进行趣味互动。

　　（3）虚拟直播和虚拟演播助手功能。快手提供了虚拟直播和虚拟演播助手的服务，支持用户在 Windows、Android 和 iOS 系统上定制 2D/3D 虚拟形象，并进行直播驱动，如图 9-5 所示。虚拟直播和虚拟演播助手功能结合了人脸识别、手势识别、美颜、3D 特效等 AI 技术，能够为用户提供沉浸式直播互动体验。

图 9-5 快手虚拟演播助手功能

（4）AI 配乐功能。用户可以选择自己想要配音的视频，在快手中选择 AI 配音功能。系统会自动识别视频中的语音内容，或者用户自行输入文本，即可生成相应的配音。用户可以根据自己的喜好选择不同的声音模板，产生的效果也将不同。

9.1.3 B 站平台的 AI 玩法

B 站是一个拥有大量用户和视频内容的弹幕视频网站。在 B 站 扫码看视频
上，用户可以观看各种类型的视频，包括动画、游戏、科技、生活、娱乐等多个领域。同时，B 站也支持用户上传和分享自己的原创视频，形成了一个庞大的视频内容库。下面介绍一些 B 站平台的 AI 玩法。

（1）AI 自动生成弹幕功能。使用 B 站的 AI 自动生成弹幕功能，系统会根据视频内容或特定算法推荐的一些弹幕内容，包括相关热点、观点、笑点等，从而为用户带来更加丰富和互动性强的观看体验。

（2）AI 续写功能。B 站的 AI 续写功能允许用户基于已有的文本或视频内容，通过 AI 技术自动生成后续的文本或视频内容。用户可以通过限定主题和框架来定制内容，以满足不同的创作需求。

（3）AI 扩图功能。B 站的 AI 扩图功能可以根据图像内容预测和补充扩展部分，从而在原图基础上生成更丰富的图像，相关示例如图 9-6 所示。生成的图片效果随机，有些很是离谱又搞笑，深受用户喜爱。

扩图前

扩图后

图 9-6　AI 扩图功能的相关示例

（4）AI 绘画功能。B 站的 AI 绘画功能是一种创新性的绘画工具，它为用户提供了丰富的艺术风格和绘画技巧。AI 绘画功能具有语音创作、文字创作、风格创作 3 种模式，能够帮助用户快速生成高质量的艺术作品，相关示例如图 9-7 所示。

专家提醒

　　运营者在使用 B 站平台的 AI 绘画功能时，要注意以下几点。

　　（1）在编写关键词时，推荐使用"形容词＋主语"的方式，避免写动词。

　　（2）描述尽可能地具体，并可以指定特殊的艺术风格或媒介。

图 9-7　AI 绘画功能的相关示例

9.1.4　头条号平台的 AI 玩法

扫码
看视频

头条号是自媒体平台，该平台主要致力于帮助企业、机构、媒体在移动端获得更多曝光和关注。头条号的 AI 玩法在内容创作、分发和用户互动等多个方面都展现出了强大的能力，为运营者和用户带来了诸多便利和优势。下面介绍一些头条号平台的 AI 玩法。

（1）AI 跨平台功能。头条号的 AI 跨平台功能允许运营者将他们的内容一键同步到多个平台，从而实现跨平台的发布和推广。此外，它能自动识别不同平台的特点和规则，对内容进行智能适配和优化，确保内容在不同平台上都能呈现最佳效果。

（2）AI 排名分析功能。头条号的 AI 排名分析功能，可以帮助运营者和编辑深入了解头条平台上文章的排行状况，通过精密分析，迅速识别出最热话题和最受欢迎的文章类型，从而为运营者提供明确的写作方案。

（3）AI 关键词分析功能。头条号的 AI 关键词分析功能，可以针对文章关键词进行深度分析。借助这个功能，运营者可以精准定位关键词，并了解其探索量及竞争力状况，从而使文章在头条平台得到更大范围的推广。

9.1.5　微博平台的 AI 玩法

扫码
看视频

微博是一种基于用户关系信息分享、传播以及获取的网络平台。微博平台的 AI 玩法非常有趣和多样化，在提升用户体验、优化社交互动、赋能平台博主等方面都发挥了重要作用。下面介绍一些微博平台的 AI 玩法。

（1）明星 AI 情感伴聊功能。微博推出的明星 AI 情感伴聊功能，允许用户向明星发送私信，并授权使用 AI 助手进行自动回复，相关示例如图 9-8 所示。AI 助手的聊天方式和风格会模拟明星的状态，以提供更具真实感的互动体验。

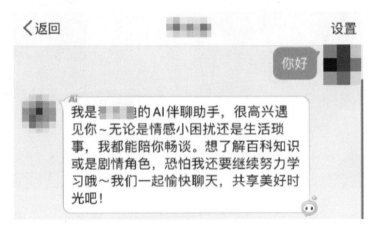

图 9-8　明星 AI 情感伴聊功能的相关示例

（2）AI 玩评功能。微博推出的"评论罗伯特"AI 机器人，以搞笑、有趣的评论风格深受用户喜爱，如图 9-9 所示。"评论罗伯特"AI 机器人会自动跑到网友的微博下进行评论，为用户的微博增加氛围感。

图 9-9　"评论罗伯特"AI 机器人

（3）热门微博推荐功能。微博的热门微博推荐功能，是指利用人工智能技术对大量微博内容进行筛选和分析，从而推荐最受用户欢迎、最具热度的微博内容。这些热门微博通常具有较高的阅读量、转发量、评论量和点赞量，能吸引大量用户的关注和讨论。

9.2 新媒体平台的 AI 运营策略

在数字化和智能化的大潮中，新媒体平台的运营迎来了 AI 技术的全面渗透。新媒体平台的 AI 运营策略不仅提高了运营效率，也极大地提升了用户体验和平台效益。本节将对新媒体平台的 AI 运营策略进行深入分析和讨论，并结合实际案例展示其应用效果，强调 AI 运营策略在新媒体平台发展中的重要性。

扫码
看视频

9.2.1　智能内容生成与优化

在新媒体平台上，内容是吸引用户的核心。然而，如何快速、高效地生成优质内容，成为新媒体平台运营面临的一大挑战。AI 技术的引入，为这一问题的解决提供了新的思路，相关分析如下。

1. 智能内容生成：模仿与创新并存

在新媒体平台上，内容的生成是一个既需要速度又需要质量的过程。传统的内容生产方式往往依赖于人工编辑的策划和撰写，这不仅费时费力，而且难以应对日益增长的用户需求。而 AI 技术的引入，为内容生成提供了新的可能。

智能内容生成主要依赖自然语言处理和机器学习等技术。通过训练模型，AI 能够学习并模仿人类的语言习惯，生成符合语法和语境的文本内容，满足用户对信息的需求。

以新闻资讯平台为例，许多平台已经采用了 AI 技术来自动生成新闻稿件。通过对海量新闻数据的分析和学习，AI 能够自动抓取关键信息，并生成简洁、准确的新闻稿件。这不仅大大提高了内容生成的速度和效率，还有助于保证新闻内容的时效性和准确性。

2. 智能内容优化：数据驱动的个性化改进

除了内容生成外，内容的优化也是新媒体平台需要关注的重要方面。优质的内容不仅能够吸引用户，还能够提升用户的满意度和黏性。然而，如何对已有内容进行优化，使其更加符合用户的口味和需求，是一个需要思考的问题。

AI 技术同样为内容优化提供了有效的解决方案。通过深入分析用户行为和实时反馈数据，AI 可以精准地了解用户对内容的偏好和需求，从而对内容进行有针对性、精细化、个性化的优化和改进。这种基于数据的优化方式，使内容更加符合用户的口味，提高了用户的满意度。

3. 智能内容生成与优化的重要性

智能内容生成与优化在新媒体平台的发展中具有重要意义。一方面，它解决了传统内容生产方式中面临的效率低下、质量不稳定等问题。通过 AI 技术的应用，平台可以快速地生成大量优质内容，满足用户对信息的需求。另一方面，智能内容优化使得内容更加符合用户的口味和需求，提高了用户的满意度和黏性，这有助于增强用户对平台的忠诚度和黏性，促进平台的长期发展。

9.2.2 用户画像与精准营销

在新媒体平台上，用户是运营的核心。了解用户的需求和兴趣，是制定有效营销策略的基础。AI 技术通过收集和分析用户数据，可以帮助平台构建精准的用户画像，制定有针对性的营销策略，为精准营销提供有力支持。相关分析如下。

1. 用户画像的构建

用户画像是对用户行为、兴趣、偏好等方面的全面描述。在新媒体平台上，AI 技术通过对用户数据的深度分析，能够迅速且准确地构建出用户画像。

这些画像不仅包含用户的年龄、性别、地域、职业等基本信息，还能深入挖掘用户的兴趣点和潜在需求。基于这些画像，平台可以更全面且深入地了解用户，为内容推送和广告营销奠定良好基础。

2. 精准营销的实际应用

基于用户画像，新媒体平台可以制定更加精准的营销策略，实现个性化推送和精准营销。以下是一些精准营销的实际应用案例。

（1）个性化内容推荐。根据用户画像中的兴趣和偏好，平台可以向用户推荐符合其口味的文章、视频、音乐等内容，能够增加平台的用户活跃度和流量。

（2）精准广告投放。通过分析用户画像中的基本信息和兴趣点，平台可以将广告投放到目标用户群体中。这种精准投放不仅可以提高广告的点击率和转化率，还能降低广告成本，提高广告效果。

（3）定制化服务。基于用户画像中的职业、需求等信息，平台可以为用户提供定制化的服务。例如，在线教育平台可以根据学生的学习情况和需求，为其推荐合适的课程和学习资源；电商平台可以根据用户的购物习惯和偏好，为其推荐符合其需求的商品和服务。

3. 用户画像与精准营销的重要性

用户画像与精准营销在新媒体平台的运营中具有重要意义。首先，通过构建精准的用户画像，平台可以更加深入地了解用户的需求和兴趣，从而制定更加符合用户需求的营销策略；其次，精准营销可以提高广告的点击率和转化率，降低广告成本，提高平台的盈利能力；最后，个性化推送和精准营销可以提升用户黏性，增强用户对平台的信任度。

9.2.3 AI 客服与智能互动

在新媒体时代，用户与平台之间互动的质量直接关系到平台的用户黏性和活跃度。面对海量的用户咨询与反馈，传统的人工客服模式已显得力不从心。AI 客服与智能互动技术的引入，正成为解决这一挑战的关键。

AI 客服系统的出现，是技术进步的直接体现。借助自然语言处理技术，AI 客服能够与用户进行流畅、实时的交流。无论是产品咨询、服务疑问，还是故障报修，AI 客服都能提供迅速且专业的回应，相关示例如图 9-10 所示。

图 9-10　AI 机器人客服示例

这种自动化的客服模式极大地提高了响应速度和服务效率，使用户的问题能够得到及时解决，提高了用户的满意度。同时，对于新媒体运营者而言，AI 客服的引入显著降低了人工成本，实现了运营成本的优化。

更为重要的是，AI 客服系统并非一成不变。通过收集并分析用户的反馈数据，AI 客服能够持续学习和进化，不断优化自身的回答逻辑和服务质量。这种自我学习和改进的能力，使得 AI 客服能够越来越贴近用户的实际需求，提供更加精准和个性化的服务。

与 AI 客服相辅相成的是智能互动系统的广泛应用。通过语音识别和图像识别技术，智能互动系统能够为用户提供更加多元化的交互方式。用户只需通过简单的语音指令，就能控制平台的各项功能；或者通过拍照上传图片，系统便能迅速识别并提供相关内容。这种直观、便捷的互动体验，无疑极大地提升了用户的满意度。

智能互动系统的引入，不仅丰富了用户与平台的交互方式，也使得新媒体平台能够更加精准地捕捉用户的需求和偏好。通过对用户语音和图像数据的分析，平台可以更加深入地了解用户的消费习惯和内容偏好，从而为用户提供更加个性化和精准的内容推荐。

9.2.4 社交媒体传播

扫码
看视频

在数字化时代，社交媒体已成为新媒体平台不可或缺的一部分，它不仅是用户交流和分享信息的场所，更是品牌传播、内容推广的重要渠道。随着 AI 技术的不断进步，其在社交媒体传播中发挥着越来越重要的作用，为新媒体平台带来了全新的运营策略。相关分析如下。

1. AI 技术助力用户行为分析

在新媒体平台上，用户行为是制定传播策略的重要依据。AI 技术通过收集和分析用户在社交媒体上的点赞、评论、分享等数据，可以深入了解用户的兴趣和需求。这种深度分析使得运营者能够更准确地把握用户心理，预测用户行为，为内容的创作和分发提供有力支持。

例如，通过分析用户的点赞和评论数据，AI 可以识别出用户对某一话题的关注度、情感倾向以及参与意愿。基于这些信息，运营者可以有针对性地制定内容创作策略，如选择更受用户欢迎的话题、调整内容风格以吸引更多用户参与等。

2. 智能推荐算法优化内容分发

在新媒体时代，内容的分发和推广对提高曝光度和传播效果至关重要。智能推荐算法的核心在于对用户及内容的深度理解和匹配。通过分析用户的历史行为、社交关系以及内容特征等信息，AI 可以构建出用户的兴趣图谱和内容标签体系。基于这些标签体系，算法可以实时地为用户推荐符合其兴趣和需求的内容，从而实现内容的精准分发。

3. AI 实时监测舆情动态

社交媒体作为公众舆论的集散地，对品牌形象和声誉的影响不容忽视。而 AI 技术为新媒体平台在社交媒体上的舆情监测提供了强大的技术支持，能够通过实时监测和分析社交媒体上的用户反馈与评论，帮助运营者及时发现并处理负面舆情，保护自身的品牌形象和声誉。

在舆情监测方面，AI 可以自动抓取社交媒体上的相关信息，进而进行情感分析和话题聚类。通过分析这些数据，运营者可以迅速而精准地捕捉与特定事件或话题相关的内容，了解用户对某一事件或话题的看法和态度，及时发现潜在的危机点。同时，AI 还可以根据分析结果制定相应的应对策略，如发布正面信息、澄清谣言等，以维护品牌形象和声誉。

9.2.5　AI 社群运营

在当今的新媒体时代，社群运营已经成为建立用户关系、提高用户活跃度和留存率的关键手段。随着 AI 技术的不断发展，其在社群运营中的应用也日益广泛，为新媒体平台带来了更加智能和高效的社群管理方式。相关分析如下。

1. AI 助力社群自动化管理

社群中的违规行为和不良信息一直是困扰运营者的难题。AI 技术的引入，为这一问题提供了有效的解决方案。通过自动化工具和技术手段，新媒体平台可以实时监测社群中的动态，自动识别和过滤违规内容，保持社群的健康和秩序，这不仅提高了管理效率，也减轻了运营者的工作负担。

AI 技术还可以对社群成员进行智能分类和标签化。通过分析用户的发言、互动和行为数据，AI 可以识别出用户的兴趣、偏好和角色定位，为社群管理提供更加精准的数据支持。这使得新媒体平台能够更好地理解用户需求，提供更加符合用户期望的服务和活动。

2. AI 实现社群精准运营

在社群运营中，了解用户需求是制定有效策略的关键。AI 技术通过分析用户的兴趣、偏好和行为数据，可以深入挖掘用户的潜在需求，为社群提供定制化的服务和活动。

不仅如此，AI 技术还可以对社群活动的效果进行实时的评估和细致的优化。通过深度分析用户的参与情况、反馈和互动数据，AI 可以精确地评估活动的成功程度，并给出改进建议。这使得新媒体平台能够不断优化活动内容和形式，提高用户的满意度和互动体验。

3. AI 提升社群智能互动体验

在社群互动中，用户希望获得及时、便捷的响应和服务。AI 技术的引入，使得新媒体平台能够为用户提供更加智能和个性化的互动体验。借助先进的智能聊天机器人和语音识别等技术手段，新媒体平台可以为用户提供 24 小时不间断的在线客服服务，确保用户的疑问和问候能够得到即时解答。同时，AI 还可以精准地捕捉用户的语境和意图，从而进行智能回复和个性化的内容推荐，极大地提高了互动效率，为用户带来更为优质的体验。

9.2.6　数据分析与决策支持

在新媒体平台的运营中，数据分析扮演着至关重要的角色。随着 AI 技术的快速发展，数据分析已不再是简单的数据收集和整理，而是成为新媒体平台决策的重要支撑。AI 技术可以帮助平台收集、整理和分析海量数据，为平台提供决策支持。

相关分析如下。

1. AI 技术在数据分析中的应用

AI 技术可以帮助平台收集和分析用户数据。通过分析用户的行为、兴趣、偏好等数据，平台可以了解用户的需求和期望，为制定运营策略提供数据支持。AI 技术在数据分析中的具体应用如图 9-11 所示。

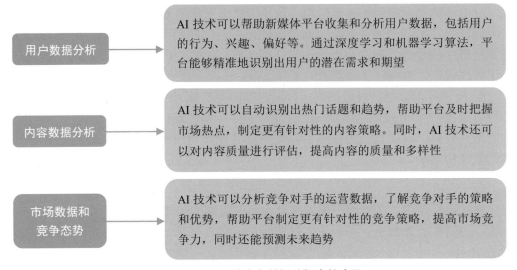

图 9-11　AI 技术在数据分析中的应用

2. 数据分析在决策支持中的作用

在新媒体时代，数据已成为决策过程中不可或缺的重要元素，它不仅是洞察市场、了解用户的窗口，更是制定和优化运营策略的有力工具。数据分析在新媒体运营决策支持中的作用如下。

（1）提供决策依据。数据分析为新媒体平台的决策提供了重要依据。通过收集和分析海量数据，平台可以了解用户、内容和市场的真实情况，为制定运营策略提供有力支持。例如，在制定内容策略时，平台可以根据用户数据和市场数据，确定内容的主题、形式和发布时间，提高内容的吸引力和传播效果。

（2）优化运营策略。数据分析可以帮助新媒体平台优化运营策略。通过实时监测和分析数据，平台可以了解运营策略的实际效果，及时发现问题并进行调整。例如，在推广活动中，通过分析用户参与度和转化率等数据，平台能够评估活动效果，并根据数据进行优化和改进。

（3）预测未来趋势。AI 技术不仅可以帮助新媒体平台分析当前的数据，还可以根据历史数据和市场趋势进行预测。这种基于数据的预测，可以帮助平台提前了解市场变化和用户需求的变化，为未来的决策提供支持。例如，在产品开发中，平台可以根据用户数据和市场数据预测未来的需求趋势，提前进行产品规划和开发。

9.2.7 技术创新与迭代

扫码 看视频

随着科技的飞速发展，新媒体平台已成为信息传播、社交互动和商业营销的重要阵地。在这个快速变化的时代，新媒体平台的 AI 运营策略正面临前所未有的挑战和机遇。为了保持竞争力，新媒体平台需要不断探索和实践 AI 技术的创新与迭代，以提供更加智能化、个性化和高效化的服务。

1. 技术创新引领 AI 运营新趋势

在新媒体平台的 AI 运营策略中，技术创新是推动其发展的核心动力。相关分析如下。

首先，随着大数据、云计算等技术的不断发展，新媒体平台能够收集和分析海量的用户数据，从而更准确地把握用户需求和行为模式。这为 AI 运营提供了丰富的数据基础，使得平台能够为用户提供更加精准的内容推荐和个性化服务。

其次，虚拟现实（VR）、增强现实（AR）、物联网（IoT）等技术的融合应用，为新媒体平台带来了全新的发展机遇。通过引入这些技术，新媒体平台可以为用户创造更加沉浸式的体验，提高用户的参与度和黏性。例如，通过虚拟现实技术，用户可以身临其境地体验新闻事件或参与虚拟社交活动。

最后，AI 技术在内容生产、审核和管理等方面的应用也在不断创新。借助自然语言处理、机器学习等技术，新媒体平台可以自动化地完成新闻稿件的撰写、审核和排版工作，提高内容生产效率和质量。同时，通过图像识别和音频分析等技术，平台还可以对视频与音频内容进行智能分析和分类，为用户提供更加精准的内容推荐。

2. 迭代优化提升 AI 运营效果

在技术创新的基础上，新媒体平台还需要通过迭代优化来不断提升 AI 运营的效果。首先，平台需要不断优化算法和模型，提高数据分析和预测的准确性。这包括对用户行为数据的深入挖掘和分析、对内容推荐算法的持续优化，以及对广告投放策略的调整等。通过不断优化算法和模型，平台可以更加精准地把握用户需求和市场趋势，为用户提供更加个性化的服务。

其次，新媒体平台需要加强对 AI 技术的监督和管理。平台需要建立完善的数据安全体系和技术监管机制，确保用户数据的安全和隐私保护。同时，平台还需要加强对 AI 技术的培训和指导，提高员工的技能和素质，确保 AI 技术的正确应用和发展。

最后，新媒体平台需要积极与用户互动，关注他们的反馈意见。用户是新媒体平台的重要资源，他们的反馈和建议对平台的发展至关重要。新媒体平台需要积极与用户互动，了解他们的需求和期望，并及时调整和优化 AI 运营策略。通过不断迭代和优化，平台可以不断提高用户满意度和忠诚度，实现可持续发展。

9.3 AI 在推广与营销中的应用

随着 AI 技术的迅猛发展，其在推广与营销领域的应用日益广泛。从个性化推荐系统的构建，到智能广告投放与效果评估，再到与新媒体的深度融合，AI 技术正以前所未有的方式改变着传统营销的面貌。

9.3.1 个性化推荐系统的构建

扫码
看视频

通过分析用户的浏览历史、购买记录、搜索行为等海量数据，个性化推荐系统能够深入理解用户的兴趣偏好和需求。基于这些数据，系统能够为用户提供高度个性化的推荐内容，如商品、文章、视频等。这种个性化的服务不仅提升了用户的满意度和黏性，还为新媒体运营者带来了更高的转化率和销售额。

个性化推荐系统的构建主要依赖于 AI 技术中的机器学习和数据挖掘算法。机器学习算法使系统能够自动学习用户的行为模式，预测用户未来的需求。数据挖掘算法则帮助系统从海量数据中提取有价值的信息，发现用户之间的相似性，以及不同商品或服务之间的关联性。

具体来说，个性化推荐系统通常会采用以下几种算法。

（1）协同过滤算法。该算法通过分析用户的历史行为和兴趣偏好，找到与用户兴趣相似的其他用户，然后基于这些相似用户的行为，为用户推荐可能感兴趣的商品或服务。

（2）内容过滤算法。该算法主要分析商品或服务的特征，如标题、描述、标签等，然后与用户的兴趣偏好进行匹配，为用户推荐符合其兴趣偏好的商品或服务。

（3）混合推荐算法。该算法将协同过滤和内容过滤两种算法结合起来，既考虑了用户的行为模式，又考虑了商品或服务的特征，以提供更加全面和准确的推荐。

9.3.2 智能广告投放与效果评估

扫码
看视频

随着数字营销时代的到来，广告投放作为新媒体运营者推广的重要手段，正逐渐向更加精准、高效和自动化的方向发展。AI 技术的应用，使得广告投放能够实时分析用户的在线行为和兴趣偏好，从而确定最佳的广告投放时间和渠道，为智能广告投放与效果评估带来了革命性的变化。

1. 智能广告的投放

AI 技术通过深度学习和数据分析，能够洞察用户的潜在需求，并根据用户的个性化特征进行精准投放。这种投放方式不仅能够提高广告的点击率和转化率，还能够降低广告成本，提升营销效果。它主要通过三种方式实现，具体方式如下。

（1）实时用户行为分析。AI 系统能够实时追踪用户的在线行为，包括浏览历史、搜索记录、购买偏好等，从而深入了解用户的兴趣和需求。

（2）个性化投放策略。基于用户行为分析的结果，AI 系统能够为用户制定个性化的投放策略，如选择合适的广告内容、确定投放时间和渠道等。

（3）自动优化。AI 系统能够根据用户的反馈和广告效果数据，自动调整广告内容和投放策略，实现广告效果的持续优化。

2. 效果评估

在广告投放过程中，效果评估是至关重要的一环。AI 技术通过数据分析和预测模型，能够为新媒体运营者提供详尽的广告效果报告，帮助运营者更准确地了解广告的效果，并做出有针对性的优化措施。

（1）多维度评估。AI 技术能够评估广告的曝光量、点击率、转化率等多个指标，为新媒体运营者提供全面的广告效果评估。

（2）精准预测。基于历史数据和机器学习算法，AI 系统能够预测广告的未来效果，帮助新媒体运营者提前调整投放策略。

（3）可视化报告。AI 系统能够生成可视化的广告效果报告，使新媒体运营者更直观地了解广告效果，便于决策层做出快速决策。

9.3.3　AI 与新媒体的深度融合

扫码
看视频

随着新媒体的崛起，AI 与新媒体的深度融合成为推广与营销的新趋势。借助 AI 技术，新媒体平台能够为用户提供更加智能化、个性化的服务，从而吸引更多用户的关注和参与。

1. AI 在新媒体内容创作与分发中的作用

新媒体的核心竞争力在于其内容。然而，如何创作出符合用户兴趣、具有传播价值的内容，一直是新媒体从业者面临的挑战。AI 技术的应用，为新媒体的内容创作与分发带来了革命性的变化。

一方面，AI 技术能够通过深度学习、自然语言处理等技术手段，分析用户的兴趣偏好、浏览记录等数据，从而为用户提供个性化的内容推荐。这种推荐系统不仅能够提高内容的点击率和传播效果，还能够增强用户的黏性和满意度。

另一方面，AI 技术能够辅助新媒体运营者进行内容创作。通过智能写作工具、智能素材库等功能，AI 能够帮助创作者快速生成符合要求的文章、图片、视频等内容，提高创作效率和质量。同时，AI 还能够根据用户的反馈和行为数据，自动调整内容的创作方向和风格，实现内容的持续优化。

2. AI 在新媒体互动营销中的应用

AI 可以实时分析用户的互动行为和反馈数据，从而确定最佳的互动方式和营销策略。此外，AI 还能够通过智能客服、智能问答等功能，为用户提供更加便捷、高效的服务。这种智能化的服务不仅能够提高用户的满意度和忠诚度，还能够降低新媒体平台的运营成本，提高效率。

本 章 小 结

本章深入探讨了如何利用 AI 在运营推广中赢得更多优质用户，具体内容包括 5 种主流新媒体平台上 AI 的具体玩法、新媒体平台的 AI 运营策略，以及 AI 在推广与营销中的具体应用。通过本章内容的学习，读者可以深刻认识到 AI 在运营推广中的巨大潜力和价值，以及新媒体平台如何借助 AI 技术赢得更多优质用户。

课 后 习 题

鉴于本章知识的重要性，为了帮助读者更好地掌握所学知识，下面通过课后习题，帮助读者进行简单的知识回顾和补充。

1. 简述 AI 在抖音平台上如何通过"智能推荐"功能赢得更多优质用户。
2. 新媒体平台的 AI 运营策略有哪几种？

第 10 章

数据分析，AI 助你精准运营新媒体

数据分析是通过收集、处理、解释和展示数据，以揭示数据中的模式、趋势和关联性的过程。AI 数据分析在新媒体运营中扮演着至关重要的角色，可以帮助运营者精准地理解用户行为，优化内容策略，并最终提升运营效果。

10.1 AI 数据分析在新媒体中的作用

AI 数据分析是指利用人工智能技术和方法来进行数据分析与处理的过程,它能自动处理和分析大量数据,既高效又准确。AI 数据分析在新媒体中发挥着重要的作用,为不少新媒体运营者所喜爱。

扫码
看视频

10.1.1 收集新媒体数据

AI 通过自动化、精准化和实时化的数据收集方式,极大地提高了新媒体数据收集的效率和质量。利用 AI 工具,运营者可以轻松地获取并分析来自各种新媒体平台的数据,为内容创作、营销策略制定等提供有力支持。AI 对新媒体数据收集的作用主要体现在以下几个方面,如图 10-1 所示。

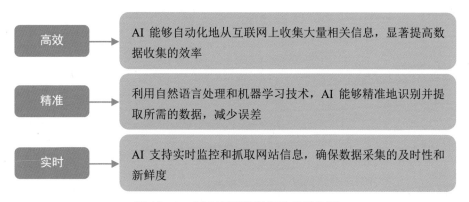

图 10-1　AI 对新媒体数据收集的作用

新媒体运营者可以通过输入关键词,利用 AI 技术全网抓取相关文章或信息。例如,在文心一言中输入关键词"现在你是一个数据检索程序,你需要找到并梳理'小红书平台的粉丝数排名前十'相关的数据,并做成表格",AI 可以快速找到相关的数据,具体内容如图 10-2 所示。

> **专家提醒**
>
> AI 在根据我们的关键词收集数据时,同时还会给出相应的注意事项,相关内容如下。
> - 由于原始数据提供的信息有限,这里只列出了前十个可能的排名和粉丝数。
> - 粉丝数可能随时间的推移而发生变化,这里的数据是基于某个时间点的估计值。
> - 排名可能因不同时间、不同统计方法和不同数据源而有所差异。

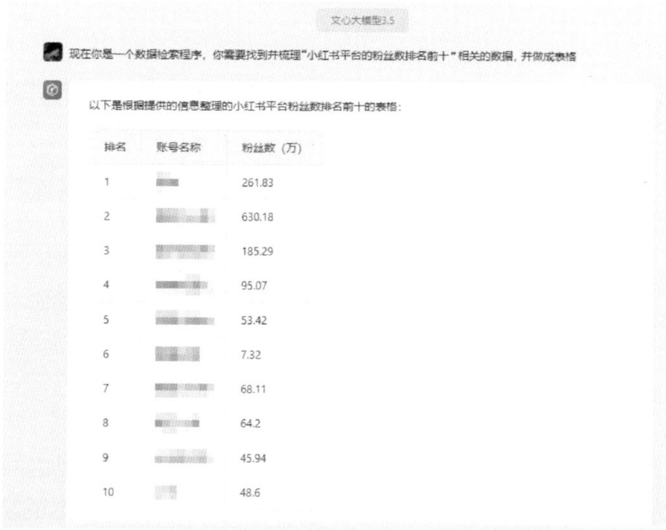

文心大模型3.5

现在你是一个数据检索程序，你需要找到并梳理"小红书平台的粉丝数排名前十"相关的数据，并做成表格

以下是根据提供的信息整理的小红书平台粉丝数排名前十的表格：

排名	账号名称	粉丝数（万）
1	[illegible]	261.83
2	[illegible]	630.18
3	[illegible]	185.29
4	[illegible]	95.07
5	[illegible]	53.42
6	[illegible]	7.32
7	[illegible]	68.11
8	[illegible]	64.2
9	[illegible]	45.94
10	[illegible]	48.6

图 10-2　用 AI 收集新媒体数据的相关示例

AI 技术能够对收集到的数据进行清洗和处理，去除重复、无效或错误的数据，预处理后的数据更适合后续的分析和建模。另外，AI 还可以将不同来源的数据进行整合，形成一个完整的数据集，这有助于用户进行跨平台、跨渠道的数据分析。

10.1.2　用户行为分析

扫码看视频

在数字化快速发展的今天，新媒体已经成为人们获取信息、表达自我和进行社交的重要渠道。然而，随着新媒体平台的不断涌现，如何在这个信息爆炸的时代中脱颖而出，成为每一个新媒体运营者需要思考的问题。

AI 技术的出现，对新媒体数据分析的帮助非常大。特别是在用户行为分析方面，AI 的应用使得新媒体运营者能够更深入地了解用户，优化内容策略，从而取得更好的传播效果。

AI 能够通过分析用户的浏览历史、搜索记录、互动行为等数据来洞察用户的兴趣、偏好和习惯。这些数据包括用户在平台上的点击量、停留时间、点赞、评论、分享等行为，它们反映了用户对内容的喜好程度和参与意愿。通过深度学习和数据挖掘技术，AI 可以从中提炼出有价值的信息，为新媒体运营者提供决策支持。

图 10-3 所示为 AI 用户行为分析对新媒体的影响。通过 AI 数据分析快速了解用户的兴趣、偏好和习惯，新媒体运营者可以为用户定制更加符合其需求的内容，提高用户满意度和忠诚度。例如，通过分析用户的浏览历史和搜索记录，可以发现用户的兴趣点和关注点，从而调整内容选题和发布时间；通过分析用户的互动行为，可以评估内容的质量和受欢迎程度，从而优化内容质量和表现形式。

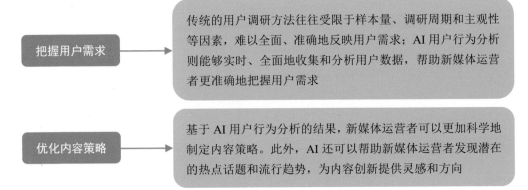

| 把握用户需求 | 传统的用户调研方法往往受限于样本量、调研周期和主观性等因素，难以全面、准确地反映用户需求；AI 用户行为分析则能够实时、全面地收集和分析用户数据，帮助新媒体运营者更准确地把握用户需求 |
| 优化内容策略 | 基于 AI 用户行为分析的结果，新媒体运营者可以更加科学地制定内容策略。此外，AI 还可以帮助新媒体运营者发现潜在的热点话题和流行趋势，为内容创新提供灵感和方向 |

图 10-3 AI 用户行为分析对新媒体的影响

尽管 AI 用户行为分析在新媒体领域具有广泛的应用前景，但也面临着一些挑战：首先，数据隐私及安全问题需要得到重视和解决；其次，AI 技术的复杂性与专业性要求新媒体运营者具备一定的技术素养和数据分析能力；最后，AI 分析结果的有效性与准确性还需要经过实践验证和不断完善。

10.1.3 内容效果评估

在新媒体时代，内容的质量与效果直接关系到它的传播力和影响力。然而，如何准确评估内容的效果，为新媒体运营者提供有针对性的改进建议，一直是新媒体领域面临的一大挑战。近年来，随着 AI 技术的快速发展，AI 新媒体数据分析中的内容效果评估逐渐成为一种新的解决方案。

AI 能够通过对新媒体发布内容的阅读量、转发量、点赞量等指标进行深度分析，全面评估内容的效果。这些指标是评估内容受欢迎程度和传播效果的重要参考依据。AI 可以实时跟踪和记录这些指标的变化情况，为新媒体运营者提供及时、准确的数据支持。

在内容效果评估中，AI 不仅可以对单个内容的效果进行评估，还可以对比分析不同内容的表现。通过对不同内容在相同时间段内的阅读量、转发量、点赞量等指标进行对比，AI 可以发现不同内容之间的差异和优劣，为新媒体运营者提供有针对性的改进建议。

图 10-4 所示为 AI 内容效果评估的优势。通过 AI 内容效果评估，新媒体运营者可以了解哪些内容受到用户的喜爱和关注，哪些内容需要改进和优化。基于评估结果，新媒体运营者可以调整内容选题、呈现方式和发布时间等策略，提高内容的质量和效果。例如，做短视频电商的运营者，通过 AI 内容效果评估可以了解短视频在不同新媒体平台上的传播效果和用户反馈，这有助于运营者更加精准地投放带

货短视频，提高短视频的转化率和回报率。

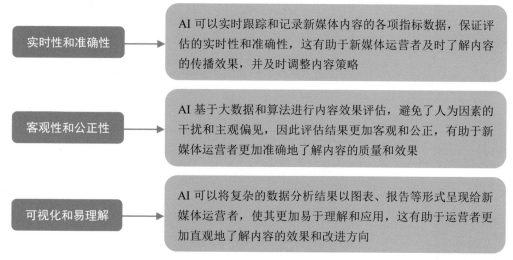

图 10-4　AI 内容效果评估的优势

　　AI 新媒体数据分析中的内容效果评估，为新媒体领域提供了一种新的解决方案。通过深度分析新媒体内容的各项指标数据，AI 可以全面评估内容的效果，为新媒体运营者提供有针对性的改进建议。这将有助于提升新媒体内容的质量和效果，同时推动新媒体行业的健康发展。

10.1.4　市场趋势预测

　　随着信息技术的迅猛发展，新媒体行业已经成为信息传播和市场营销的重要阵地。在这个信息爆炸的时代，如何准确捕捉市场动态、把握行业趋势，成为新媒体运营者面临的重要挑战。AI 技术的崛起，尤其是在数据分析领域的深入应用，为新媒体行业提供了强大的趋势预测工具。

　　AI 通过深度学习和机器学习算法，能够对海量的历史数据及实时数据进行高效处理和分析。这些数据可能包括用户行为数据、社交媒体互动数据、网络搜索数据等，它们蕴含着丰富的市场信息和用户偏好。AI 能够从中提取有价值的信息，构建预测模型，为新媒体运营者提供准确的市场趋势预测。

　　市场趋势预测对于新媒体运营者而言具有至关重要的意义：首先，它能够帮助运营者提前了解市场变化，把握行业发展趋势，从而制定更加精准的市场策略；其次，趋势预测能够揭示潜在的市场机遇，帮助运营者抓住先机，实现业务增长；最后，通过趋势预测，运营者可以及时发现潜在的风险和挑战，做好风险防范和应对措施。AI 在新媒体市场趋势预测中的主要应用体现在以下几个方面，如图 10-5 所示。

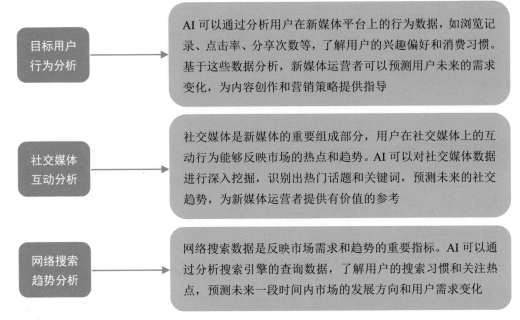

图 10-5 AI 在新媒体市场趋势预测中的主要应用

　　AI 在新媒体数据分析中的市场趋势预测为新媒体运营者提供了强大的工具和支持。通过深入分析和挖掘用户数据、社交媒体互动数据和网络搜索数据等，AI 能够帮助运营者准确把握市场动态和行业趋势，提前布局市场，抓住机遇并实现业务增长。然而，在应用 AI 进行市场趋势预测时，也需要注意数据的质量和完整性、模型的选择和参数设置、市场环境和用户需求的变化等因素对预测结果的影响。

10.1.5　提升用户黏性

　　在数字化时代，新媒体平台已经成为人们获取信息、进行娱乐和社交活动的主要渠道。随着 AI 技术的不断进步，新媒体数据分析在提升用户黏性方面发挥着越来越重要的作用。AI 通过深度学习、大数据分析等手段，能够精准地识别用户的个人喜好和兴趣，并据此提供个性化推荐内容，从而极大地提升用户的阅读体验，增强用户的黏性和忠诚度。

　　通过分析用户的浏览历史、搜索记录、互动行为等数据，AI 能够构建出精细的用户画像，明确用户的兴趣、需求和偏好，为用户推荐符合其兴趣和需求的内容，实现个性化的内容推送。此外，AI 能够预测用户的未来行为，从而提前为用户准备相关内容，这能大大提升用户黏性。

　　作为新媒体运营者，如何充分利用 AI 数据分析技术提升用户黏性呢？运营者可以采取以下策略，如图 10-6 所示。

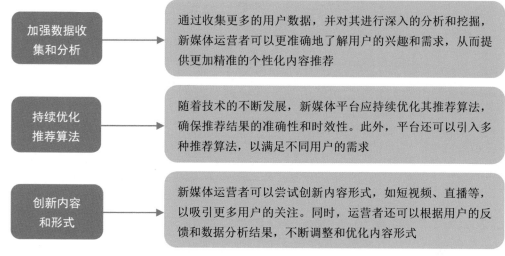

图 10-6　利用 AI 技术提升用户黏性的策略

10.2　常用的 AI 数据分析工具

　　AI 数据分析工具是利用 AI 技术和算法来进行数据处理、分析和解释的软件工具。这些工具能够处理大量数据，识别模式、趋势和关联，并提供洞察力和预测，从而帮助新媒体运营者做出更明智的决策。

10.2.1　文心一言·E 言易图

扫码
看视频

　　文心一言·E 言易图是一款集成了自然语言处理和可视化技术的 AI 数据分析工具，它不仅能够理解并解析复杂的文本数据，还能够将这些数据以直观、易懂的图表形式展现出来，帮助运营者快速洞察数据背后的规律和趋势。

　　文心一言·E 言易图可以帮助新媒体运营者快速收集并分析市场数据，了解消费者需求、竞争对手动态等信息，为制定市场策略提供有力支持。

　　例如，想要了解 2023 年国内电影的票房排名数据，在文心一言输入框中输入"请用折线图展示 2023 年国内电影的票房排名数据"，在输入框左上角选择"E 言易图"插件，按 Enter 键，AI 即可根据要求生成 2023 年国内电影的票房排名数据折线图，如图 10-7 所示。

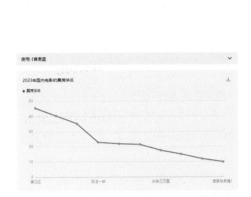

图 10-7　文心一言·E 言易图的数据分析示例

在当今数字化、智能化的时代，数据分析已成为新媒体运营者的重要决策依据。在众多 AI 数据分析工具中，文心一言·E 言易图凭借其独特的功能和优势，逐渐在数据分析领域崭露头角。图 10-8 所示为文心一言·E 言易图的功能与特点。

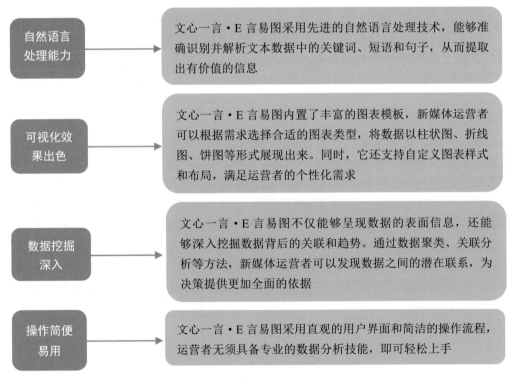

自然语言处理能力	文心一言·E 言易图采用先进的自然语言处理技术，能够准确识别并解析文本数据中的关键词、短语和句子，从而提取出有价值的信息
可视化效果出色	文心一言·E 言易图内置了丰富的图表模板，新媒体运营者可以根据需求选择合适的图表类型，将数据以柱状图、折线图、饼图等形式展现出来。同时，它还支持自定义图表样式和布局，满足运营者的个性化需求
数据挖掘深入	文心一言·E 言易图不仅能够呈现数据的表面信息，还能够深入挖掘数据背后的关联和趋势。通过数据聚类、关联分析等方法，新媒体运营者可以发现数据之间的潜在联系，为决策提供更加全面的依据
操作简便易用	文心一言·E 言易图采用直观的用户界面和简洁的操作流程，运营者无须具备专业的数据分析技能，即可轻松上手

图 10-8　文心一言·E 言易图的功能与特点

文心一言·E 言易图作为一款功能强大、操作简便的 AI 数据分析工具，凭借其独特的功能和优势，已经在多个领域得到了广泛应用。随着技术的不断发展和完善，它有望在未来为更多企业和个人提供更加便捷、高效的数据分析服务。

10.2.2　百度指数

百度指数是百度基于用户搜索数据推出的一款 AI 数据分析工具，它能够展示关键词在百度搜索引擎中的搜索频次及变化趋势。通过对这些数据的分析，新媒体运营者可以了解某个关键词或主题的受关注程度、发展趋势及用户群体特征等。

百度指数不仅覆盖了广泛的搜索关键词，还涵盖了多个行业和领域，为运营者提供了丰富的数据分析资源。百度指数的数据分析功能主要包括以下几个方面，如图 10-9 所示。

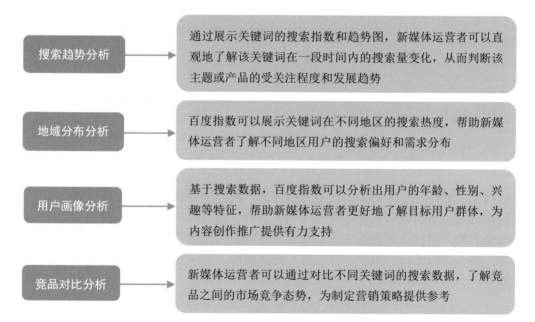

图 10-9　百度指数的数据分析功能

例如，新媒体运营者可以通过输入关键词，利用百度指数 AI 数据分析技术获取某个主题或产品的百度指数趋势图，以此了解该主题或产品的热门状况。例如，在百度指数中输入关键词"网上直播"，AI 可以快速找到相关的数据，如图 10-10 所示。

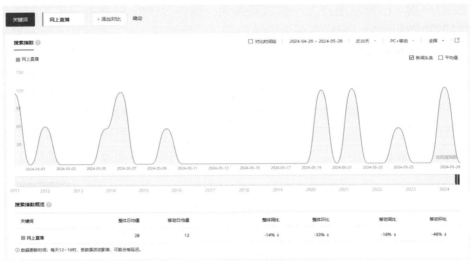

图 10-10　网上直播百度指数趋势图

专家提醒

　　百度指数能够实时更新搜索数据，确保用户获取最新、最准确的信息。通过展示关键词的搜索趋势图，新媒体运营者可以直观地了解某个主题或产品在不同时间段的受关注程度，通过对比不同关键词的搜索数据，了解竞品之间的市场竞争态势。

　　百度指数作为一款强大的数据分析工具，在数据分析方面具有独特优势和广泛的应用场景。新媒体运营者可以利用百度指数了解目标市场的热点话题、用户需求和竞争态势，通过搜索趋势分析、地域分布分析、用户画像分析和竞品对比分析等功能，深入了解市场、用户、竞品等方面的信息，为内容创作和运营推广提供有力支持。

10.2.3　新榜

　　新榜，作为一款专注于新媒体数据分析的工具，其数据分析功能强大且全面。新榜提供了微信、微博、抖音、快手、小红书等多个平台的数据分析服务，旨在帮助新媒体运营者深入了解平台运营情况，优化内容策略，提升品牌影响力。

　　图 10-11 所示为新榜支持的新媒体平台和相关榜单，运营者只需要单击页面上方的"全平台榜单"按钮，便可查看对应平台和账号的相关数据。

　　例如，在"全平台榜单"菜单中，单击"指数榜单"中的"小红书"按钮，即可进入"小红书指数·日榜"界面，单击右侧"小红书数据"按钮，如图 10-12 所示。

扫码
看视频

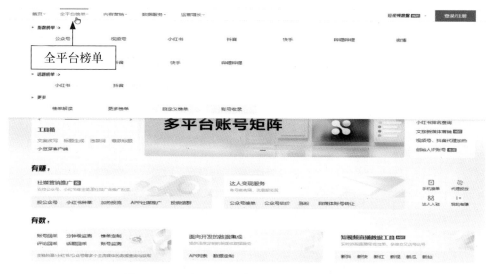

图 10-11 新榜支持的新媒体平台和相关榜单

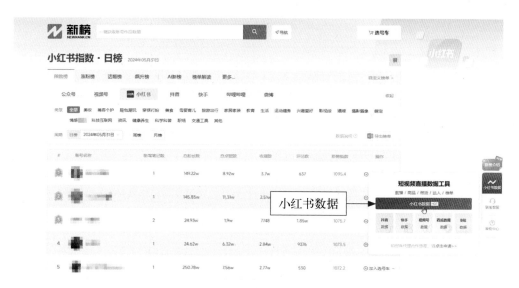

图 10-12 单击"小红书数据"按钮

执行操作后，即可进入"新红"平台，查看小红书的相关数据，如图 10-13 所示。

"新红"平台可以帮助新媒体运营者了解小红书账号的运营情况，分析账号数据。"新红"平台的主要功能包括数据概览、内容分析、用户画像、竞品分析及榜单功能等，如图 10-14 所示。

图 10-13　"新红"平台

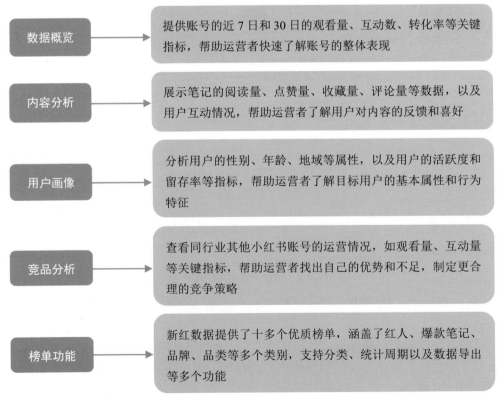

数据概览 → 提供账号的近 7 日和 30 日的观看量、互动数、转化率等关键指标，帮助运营者快速了解账号的整体表现

内容分析 → 展示笔记的阅读量、点赞量、收藏量、评论量等数据，以及用户互动情况，帮助运营者了解用户对内容的反馈和喜好

用户画像 → 分析用户的性别、年龄、地域等属性，以及用户的活跃度和留存率等指标，帮助运营者了解目标用户的基本属性和行为特征

竞品分析 → 查看同行业其他小红书账号的运营情况，如观看量、互动量等关键指标，帮助运营者找出自己的优势和不足，制定更合理的竞争策略

榜单功能 → 新红数据提供了十多个优质榜单，涵盖了红人、爆款笔记、品牌、品类等多个类别，支持分类、统计周期以及数据导出等多个功能

图 10-14　"新红"平台的主要功能

在"新红"平台进行数据分析时，运营者需要重点用好这些功能，如定期查看数据概览，了解账号的整体表现和发展趋势，仔细分析每篇笔记的阅读量、点赞量、收藏量、评论量等数据，了解用户对内容的反馈和喜好。

运营者需结合用户互动情况，如点赞、评论、分享等，找出受欢迎的内容类型和话题，优化内容策略；通过新榜小红书的用户画像功能，了解目标用户的基本属性和行为特征，如性别、年龄、地域等；根据用户画像调整内容策略，制作更符合目标用户需求和兴趣的内容。

新榜平台的工具箱集成了一系列先进的 AI 创作者工具，包括文案改写和标题生成等。这些 AI 工具能够利用平台的数据分析能力，辅助运营者打造出吸引眼球的热门标题和内容。新榜的 AI 技术还能根据用户的历史表现和受众偏好，智能推荐内容创作的优化方向。

新榜在新媒体数据分析方面具有显著的优势，具体内容如图 10-15 所示。

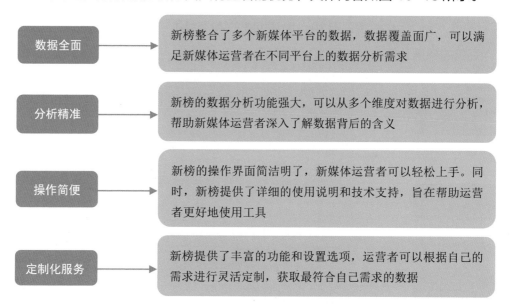

图 10-15 新榜在新媒体数据分析方面的优势

新榜作为一款强大的数据分析工具，在多平台数据整合、精准数据分析、定制化服务以及数据可视化等方面具有显著优势。无论是账号运营、竞品分析、广告投放，还是市场调研等场景，新榜都能为新媒体运营者提供有力支持。

扫码看视频

10.2.4 豆包

豆包是抖音旗下的一款 AI 工具，集成了大量的 AI 智能体，如图 10-16 所示。豆包能够为运营者提供高效、准确的数据分析服务。通过智能分析和数据可视化，豆包能帮助运营者快速发现数据中的价值，为决策提供有力支持。

图 10-16　豆包中的 AI 智能体

豆包的数据分析功能如图 10-17 所示。

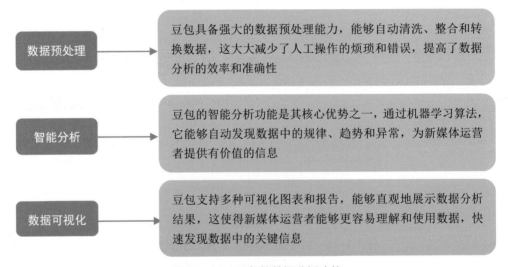

图 10-17　豆包的数据分析功能

豆包具有简洁直观的用户界面和操作流程，降低了数据分析的门槛，使更多新媒体运营者能够轻松上手。更重要的是，豆包能够自动处理和分析海量数据，大大提高了数据分析的效率和准确性，并可通过 AI 技术实现智能分析，发现数据中隐藏的价值，为新媒体运营者提供更深入的分析结果。

例如，要想了解 2023 年国内电视剧的热播排名数据，可以在豆包输入框中输入"请找出 2023 年的国内电视剧热播排名榜，并分析相关的流量数据，用表格列出"，单击输入框右侧的"发送"按钮 ⊙ 或按 Enter 键，AI 即可根据要求生成 2023 年国内电视剧的热播排名数据表格，如图 10-18 所示。

2023年国内电视剧热播排名榜及相关流量数据如下：

排名	电视剧名称	播放量（亿）
1	《狂飙》	107.9
2	《长月烬明》	28.5
3	《向风而行》	16.6
4	《知否知否应是绿肥红瘦》	11.7
5	《去有风的地方》	9744.28
6	《以爱为营》	9746.65
7	《玉骨遥》	9.6
8	《三体》	8.7
9	《莲花楼》	8.2
10	《漫长的季节》	445

图 10-18　豆包的数据分析示例

豆包可以帮助新媒体运营者分析市场趋势、竞争对手和消费者行为，为运营策略制定提供有力支持。通过预测分析功能，豆包能够帮助运营者预测未来热点趋势和市场需求，为内容创作提供参考。

豆包还能够实时监测和分析新媒体账号运营数据，发现潜在风险并提前预警，帮助运营者降低风险损失。此外，豆包可以分析用户反馈和行为数据，帮助运营者了解用户需求和满意度，提升用户体验和服务质量。

10.2.5　秘塔 AI 搜索

秘塔 AI 搜索不仅仅是一款简单的搜索引擎，它还结合人工智能和大数据处理技术，能够为用户提供深入、准确的数据分析结果。作为一款基于人工智能技术的搜索引擎，秘塔 AI 搜索在数据分析方面展现了强大的功能和优势，可以帮助新媒体运营者快速收集并分析市场数据，了解用户需求、竞争对手动态等信息，为制定运营策略提供有力支持。

例如，要想了解 2023 年的抖音热门话题榜，运营者可以在秘塔 AI 搜索输入框中输入关键词"请找出 2023 年的抖音热门话题榜，并且分析相关的流量数据，用表格的形式列出"，单击输入框右侧的"发送"按钮 ⊙ 或按 Enter 键，AI 即可根据要求自动生成抖音热门话题榜（注意，某些话题的流量数据可能搜索不出来，因此 AI 没有提供），如图 10-19 所示。

2023年抖音热门话题榜如下：

排名	话题名称
1	ChatGPT
1	自动驾驶
2	国货联名
3	混合现实
4	核污水
5	快乐穿搭
6	狂飙
7	乘风20z3
8	全抖音复诵满江红
10	杭州亚运会

相关的流量数据如下：

话题名称	流量数据（万）
ChatGPT	793.1
自动驾驶	793.1
国货联名	未提供具体数据
混合现实	未提供具体数据
核污水	未提供具体数据
快乐穿搭	未提供具体数据
狂飙	未提供具体数据
乘风20z3	未提供具体数据
全抖音复诵满江红	未提供具体数据
杭州亚运会	未提供具体数据

图 10-19　秘塔 AI 搜索的数据分析示例

在数字化时代，数据分析已成为新媒体运营者决策、个人探索的重要工具。秘塔 AI 搜索作为一款基于人工智能技术的搜索引擎，以其独特的数据分析功能，为新媒体运营者提供了高效、精准的数据搜索和分析体验。图 10-20 所示为秘塔 AI 搜索的功能与特点。

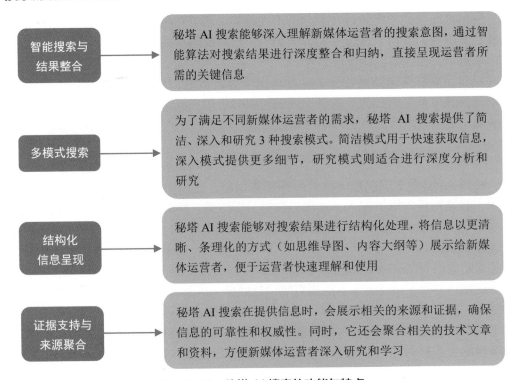

智能搜索与结果整合	秘塔 AI 搜索能够深入理解新媒体运营者的搜索意图，通过智能算法对搜索结果进行深度整合和归纳，直接呈现运营者所需的关键信息
多模式搜索	为了满足不同新媒体运营者的需求，秘塔 AI 搜索提供了简洁、深入和研究 3 种搜索模式。简洁模式用于快速获取信息，深入模式提供更多细节，研究模式则适合进行深度分析和研究
结构化信息呈现	秘塔 AI 搜索能够对搜索结果进行结构化处理，将信息以更清晰、条理化的方式（如思维导图、内容大纲等）展示给新媒体运营者，便于运营者快速理解和使用
证据支持与来源聚合	秘塔 AI 搜索在提供信息时，会展示相关的来源和证据，确保信息的可靠性和权威性。同时，它还会聚合相关的技术文章和资料，方便新媒体运营者深入研究和学习

图 10-20　秘塔 AI 搜索的功能与特点

秘塔 AI 搜索能够自动从互联网上的海量数据中抓取与新媒体运营者需求相关的信息，并进行结构化处理，方便运营者进一步分析和利用；通过先进的自然语言处理和机器学习技术，能够理解运营者的搜索意图，并返回最相关、最准确的结果。秘塔 AI 搜索还提供丰富的数据可视化工具，运营者可以将搜索结果以图表、报告等形式呈现，直观地了解数据之间的关系和趋势。

秘塔 AI 搜索作为一款基于 AI 技术的搜索引擎，在数据分析方面展现了强大的功能和优势。它通过智能搜索、多模式搜索、结构化信息呈现以及证据支持与来源聚合等功能，为新媒体运营者提供了高效、精准的数据搜索和分析体验。未来，随着 AI 技术的不断发展，秘塔 AI 搜索将会在数据分析领域发挥更加重要的作用。

专家提醒

　　秘塔 AI 搜索可以自动整理和分析搜索结果，为运营者呈现结构化的思维导图和详细的大纲。更重要的是，基于这些搜索结果，秘塔 AI 搜索能够智能地生成高质量的演示文稿，为运营者带来便捷而高效的搜索体验。

10.3　如何用 AI 做新媒体数据分析

随着 AI 技术的飞速发展，新媒体数据分析正逐渐从传统的统计分析方法转向更加智能化、精细化的 AI 驱动模式。从用户画像的精准构建，到爆款内容的预测，再到个人账号的深度剖析，AI 都在发挥着重要作用。本节将从用户画像、爆款内容和个人账号 3 个维度，探讨如何运用 AI 进行新媒体数据分析。

扫码
看视频

10.3.1　用 AI 做用户画像的数据分析

用户画像，又称为用户角色，是基于真实的用户数据，通过数据分析和挖掘技术，将用户的属性、行为与期待的数据转化联结起来，形成的一种虚拟的、具有代表性的用户模型。用户画像并不是具体指某一个人，而是根据目标用户群体的行为观点的差异区分为不同类型，并提炼出一个或多个类型的用户画像，这些用户画像可以代表产品的主要受众和目标群体。

在新媒体运营中，用户画像扮演着至关重要的角色。通过用户画像，新媒体运营者可以深入了解用户的兴趣爱好、消费习惯等，从而更好地满足用户需求，提供符合用户品位的内容和产品。用户画像还可以帮助运营者准确把握目标用户的特征和需求，从而更好地进行账号定位和内容定位，提高运营效果。根据用户画像，运营者可以为用户提供个性化的内容推荐和服务，增强用户黏性。

随着 AI 技术的不断发展，新媒体运营者可以利用 AI 来分析和构建更为精细的用户画像，以更深入地理解用户需求和偏好。下面将详细介绍如何使用 AI 进行用户画像的数据分析。

1. 确定分析目标和范围

首先，新媒体运营者需要明确想要了解的用户画像的具体内容，如年龄、性别、地理位置、兴趣偏好、活跃时间等；其次，确定分析的数据来源，如社交媒体平台（微博、抖音、知乎等）、自有平台（网站、App 等）的用户数据。通过分析这些数据，新媒体运营者可以更全面地了解用户群体。

2. 收集用户数据

运营者可以有效地利用社交媒体平台提供的 API（应用程序编程接口）或专业的第三方工具，广泛地收集用户的公开信息，如关注列表、点赞内容、评论记录等。

同时，运营者可以通过自有平台，如网站或 App 的详细后台数据，精准地收集用户的注册信息、浏览记录、购买行为等，以获取更全面的用户数据。

3. 数据清洗和整合

新媒体运营者可将收集到的用户数据进行清洗，去除重复数据、无效数据和错误数据，确保数据准确和可靠，再将清洗过的不同来源的数据进行整合，形成统一的用户数据表。

4. 用户画像分析

用户画像分析包括 4 个方面，具体内容如图 10-21 所示。

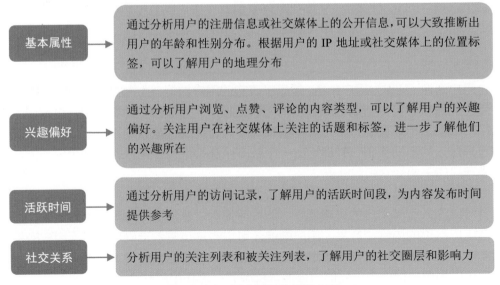

基本属性	通过分析用户的注册信息或社交媒体上的公开信息，可以大致推断出用户的年龄和性别分布。根据用户的 IP 地址或社交媒体上的位置标签，可以了解用户的地理分布
兴趣偏好	通过分析用户浏览、点赞、评论的内容类型，可以了解用户的兴趣偏好。关注用户在社交媒体上关注的话题和标签，进一步了解他们的兴趣所在
活跃时间	通过分析用户的访问记录，了解用户的活跃时间段，为内容发布时间提供参考
社交关系	分析用户的关注列表和被关注列表，了解用户的社交圈层和影响力

图 10-21　用户画像分析的内容

下面以豆包为例，分析抖音平台的用户活跃时间段。

【关键词】

抖音平台的用户活跃时间段主要集中在哪些时间段？

【AI 生成的内容】

抖音平台的用户活跃时间段主要集中在以下几个。

1. 中午饭点：12 ～ 13 点，用户在午休时间可能会刷抖音，观看各类短视频。

2. 晚上休息娱乐段：19 ～ 21 点，用户在下班后或晚餐后会刷抖音，进行娱乐放松。

3. 睡前时间：21 ～ 23 点，很多用户会在睡前刷抖音，作为一种休闲方式。

需要注意的是，这些时间段只是大致的参考，实际的用户活跃情况可能因地区、年龄、职业等因素而有所不同。此外，抖音的用户活跃时间段也可能会受到季节、节假日等因素的影响。因此，在进行抖音内容发布或运营时，最好根据自己的目标受众和实际情况，结合数据分析，选择合适的发布时间，以提高内容的曝光量，增强互动效果。

5. 总结和应用

新媒体运营者需要对分析结果进行总结和归纳，以形成完整的用户画像报告。根据用户画像报告，新媒体运营者可以制定更加精准的内容策略、营销策略和用户服务策略，提高账号的曝光度、互动率和用户黏性。

10.3.2　用 AI 做爆款内容的数据分析

扫码
看视频

爆款内容通常指的是在短时间内获得大量曝光、引发延伸讨论和自发传播分享的内容，它不仅仅以点赞、评论、阅读的数字来衡量，更重要的是能够提高转发率和转化率。

转发率代表用户愿意主动传播内容给亲朋好友，转化率则体现在这些转发的圈子中有多少人关注、点赞甚至购买相关产品。爆款内容在形式上可以是文字、图片、视频等多种形式，关键是能够引起用户的共鸣，激发他们的分享欲望。

对于新媒体运营者来说，打造爆款内容最为关键，具有多方面的价值，它能够自发传播，实现破圈效应，扩大品牌或产品的知名度。通过爆款内容，用户会对运营者或品牌产生固定的联想，从而增加关注度和进一步了解的欲望。借助爆款内容的传播量和影响力，运营者还可以更多地寻求商机，如广告合作、产品推广等。

新媒体运营者可以利用 AI 对爆款内容的数据进行分析，如图 10-22 所示。

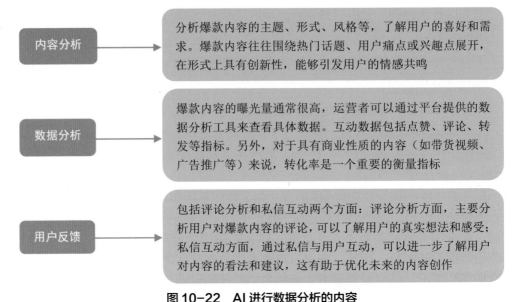

内容分析 ➤ 分析爆款内容的主题、形式、风格等，了解用户的喜好和需求。爆款内容往往围绕热门话题、用户痛点或兴趣点展开，在形式上具有创新性，能够引发用户的情感共鸣

数据分析 ➤ 爆款内容的曝光量通常很高，运营者可以通过平台提供的数据分析工具来查看具体数据。互动数据包括点赞、评论、转发等指标。另外，对于具有商业性质的内容（如带货视频、广告推广等）来说，转化率是一个重要的衡量指标

用户反馈 ➤ 包括评论分析和私信互动两个方面：评论分析方面，主要分析用户对爆款内容的评论，可以了解用户的真实想法和感受；私信互动方面，通过私信与用户互动，可以进一步了解用户对内容的看法和建议，这有助于优化未来的内容创作

图 10-22　AI 进行数据分析的内容

当涉及新媒体爆款内容的数据分析时，有多种 AI 工具可以帮助新媒体运营者进行深度分析和洞察。以下是一些建议的 AI 工具及其特点，如图 10-23 所示。

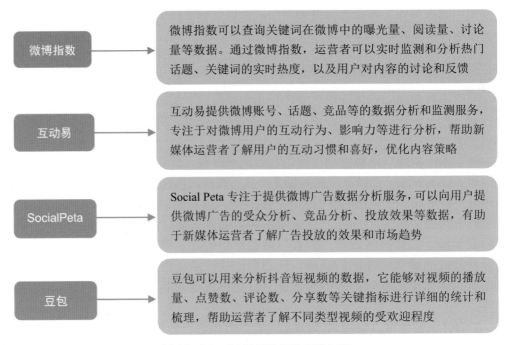

微博指数 ➤ 微博指数可以查询关键词在微博中的曝光量、阅读量、讨论量等数据。通过微博指数，运营者可以实时监测和分析热门话题、关键词的实时热度，以及用户对内容的讨论和反馈

互动易 ➤ 互动易提供微博账号、话题、竞品等的数据分析和监测服务，专注于对微博用户的互动行为、影响力等进行分析，帮助新媒体运营者了解用户的互动习惯和喜好，优化内容策略

SocialPeta ➤ Social Peta 专注于提供微博广告数据分析服务，可以向用户提供微博广告的受众分析、竞品分析、投放效果等数据，有助于新媒体运营者了解广告投放的效果和市场趋势

豆包 ➤ 豆包可以用来分析抖音短视频的数据，它能够对视频的播放量、点赞数、评论数、分享数等关键指标进行详细的统计和梳理，帮助运营者了解不同类型视频的受欢迎程度

图 10-23　AI 进行数据分析的工具

总之，这些 AI 工具在新媒体爆款内容的数据分析方面各具特色，可以帮助新媒体运营者从多个角度深入了解内容的传播效果、用户反馈和市场趋势。在选择工具时，新媒体运营者可根据自身的需求和目标进行综合考虑。

下面以豆包为例，分析抖音平台的用户反馈数据。

【关键词】

抖音美食热门视频的评论区通常有哪些互动方式？

【AI 生成的内容】

以下是一些在抖音美食热门视频评论区常见的互动方式：

1. 点赞认同。对其他有趣或有共鸣的评论点赞。
2. 表达喜爱。如"好想吃啊""看起来太美味了"。
3. 提问求解。"这道菜怎么做的呀""用的什么调料"。
4. 分享经历。"我也做过类似的，不过……"。
5. 幽默调侃。"看饿了，能顺着网线来喂我吗"。
6. 情感共鸣。"想起了小时候妈妈做的味道"。
7. 推荐相关。"这个博主还有其他好吃的视频，快去看"。
8. 打卡留言。"已收藏，有空就做"。
9. 讨论做法。"我觉得应该先放这个调料"。
10. 对博主表示感谢。"谢谢分享这么好的美食"。

分析发现，70% 的评论表达了对美食的喜爱和渴望，"做法"是提及最多的关键词，评论数量庞大且点赞数高的评论多是幽默风趣地表达对美食的喜爱，不同地区的用户对同一美食有着不同的评价方式，且大部分评论都与视频中的美食相关。

> 专家提醒
>
> 　　使用 AI 工具进行数据分析，需要注意数据来源、隐私安全、AI 工具的选择等，确保数据分析的准确性和有效性。

10.3.3　用 AI 做个人账号的数据分析

扫码
看视频

个人账号通常指的是以个人身份注册的新媒体账号，如微博、抖音、快手、微信公众号等，这类账号主要用于个人表达、分享生活、结交朋友等。个人账号的特点是互动性强、传播范围有限，但能够真实地反映出个人的特点和品质。新媒体个人账号的用途主要有以下几个方面，如图 10-24 所示。

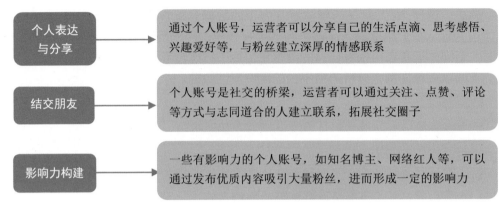

个人表达
与分享 ➜ 通过个人账号，运营者可以分享自己的生活点滴、思考感悟、兴趣爱好等，与粉丝建立深厚的情感联系

结交朋友 ➜ 个人账号是社交的桥梁，运营者可以通过关注、点赞、评论等方式与志同道合的人建立联系，拓展社交圈子

影响力构建 ➜ 一些有影响力的个人账号，如知名博主、网络红人等，可以通过发布优质内容吸引大量粉丝，进而形成一定的影响力

图 10-24　新媒体个人账号的主要用途

　　新媒体运营者可以利用 AI 来分析个人账号数据，通过深入分析数据，了解粉丝的喜好、内容的表现，以及账号的发展趋势。这种洞察力可以帮助运营者制定更有效的内容策略，提高粉丝参与度，并最终实现个人账号的成长和成功。利用 AI 进行个人账号的数据分析，可从以下几个方面入手，具体内容如图 10-25 所示。

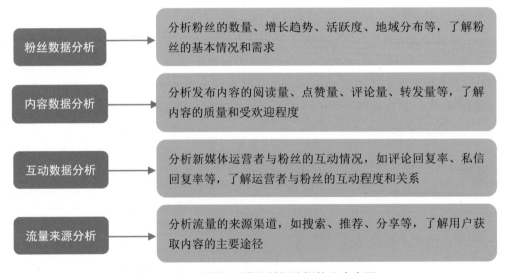

粉丝数据分析 ➜ 分析粉丝的数量、增长趋势、活跃度、地域分布等，了解粉丝的基本情况和需求

内容数据分析 ➜ 分析发布内容的阅读量、点赞量、评论量、转发量等，了解内容的质量和受欢迎程度

互动数据分析 ➜ 分析新媒体运营者与粉丝的互动情况，如评论回复率、私信回复率等，了解运营者与粉丝的互动程度和关系

流量来源分析 ➜ 分析流量的来源渠道，如搜索、推荐、分享等，了解用户获取内容的主要途径

图 10-25　利用 AI 进行数据分析的几个方面

　　下面以豆包为例，让 AI 给我们提供微博内容数据分析的思路，相关案例如下。

【关键词】

如何使用微博榜单进行微博内容数据分析？

【AI 生成的内容】

以下是使用微博榜单进行微博内容分析的一些步骤：

1. 关注各类榜单。包括热搜榜、话题榜等，了解当前最热门的话题和事件。

2. 分析上榜内容特征。观察上榜微博的类型（如新闻、娱乐、生活等）、形式（图文、视频等）、话题焦点等，总结出受关注的内容特点。

3. 对比自身内容。将自己的微博内容与榜单上的热门内容进行对比，思考差距在哪里，哪些方面可以借鉴和改进。

4. 挖掘潜在热点。通过榜单发现一些正在上升或可能成为热点的话题，提前布局相关内容，争取搭上流量快车。

5. 分析受众兴趣。从榜单反映出的大众关注焦点，推断出微博用户的主要兴趣点和趋势，以便更好地迎合受众需求。

6. 监测竞品动态。看与自己同领域的账号是否上榜，分析它们上榜的原因和内容策略，从中汲取经验。

7. 评估话题影响力。如果自己发布的内容也在榜单上，可根据榜单排名等数据评估该内容的影响力和传播效果。

8. 长期跟踪观察。持续关注榜单变化，了解不同时间段、不同领域的热门趋势演变，为内容规划提供更全面的依据。

例如，发现榜单上很多短视频内容排名较高，那么可以考虑增加自己微博中视频的比例；或者看到某个领域的话题突然上榜，而自己恰好有相关资源，就可以及时发布相关微博来吸引流量；等等。

AI 技术为个人账号数据分析提供了强大的工具和支持。通过利用 AI 技术收集、整合、预处理数据，提取有意义的特征，建立数据模型并进行预测，以及将结果以可视化的方式呈现出来，新媒体运营者可以更深入地了解个人账号的表现和发展趋势，并据此制定相应的策略以实现账号的成长和成功。

本 章 小 结

本章深入探讨了 AI 数据分析在新媒体运营中的核心作用及其实际应用，并介绍了几种常用的 AI 数据分析工具，如文心一言·E 言易图、百度指数、新榜、豆包和秘塔 AI 搜索等。这些工具各具特色，能够辅助运营者进行不同类型的新媒体数据分析工作。最后，本章详细阐述了如何使用 AI 进行新媒体数据分析。通过本章内容的学习，读者能够深入理解 AI 数据分析在新媒体运营中的价值，掌握常用的数据分析工具，并学会运用 AI 技术进行精准的新媒体数据分析，从而提升新媒体运营的效率和效果。

课 后 习 题

鉴于本章知识的重要性,为了帮助读者更好地掌握所学知识,下面通过课后习题,帮助读者进行简单的知识回顾和补充。

1. AI 数据分析在新媒体中有哪些作用?

2. 假设你是一家新媒体公司的数据分析师,你需要使用 AI 数据分析工具来评估公司近期发布的一系列内容的市场表现。请选择两款合适的 AI 数据分析工具,并详细描述你将如何使用这两款工具来完成这个任务。

第 11 章

商业盈利，轻松实现盈利小目标

随着用户对高质量内容的需求日益增长，如何在新媒体领域实现商业盈利，成为每个运营者关注的焦点。本章将深入探讨新媒体平台运营和内容创作两大方面的盈利策略，以期结合 AI 技术的应用，实现商业价值的最大化。

11.1　新媒体平台运营盈利策略

　　新媒体平台运营盈利策略是运营者实现经济收益的重要途径。通过有效的盈利策略和 AI 技术的助力，运营者可以将内容、流量、粉丝等新媒体资源转化为实际的经济价值。本节将重点介绍 6 种新媒体平台运营盈利策略，包括平台补贴盈利、流量成分盈利、会员付费盈利、MCN 模式盈利、账号转让盈利、电商带货盈利等。

11.1.1　平台补贴盈利

扫码
看视频

　　很多新媒体平台针对优质的运营者推出了一系列精心设计的扶持计划，大力帮助他们进行内容盈利，给优质运营者带来更多福利。例如，抖音推出的"剧有引力计划"就是一种平台扶持计划，主要扶持拥有优质短剧内容的运营者。原创能力稍弱的运营者，可以利用 AI 作为辅助工具，为其提供灵感和创意支持，以更好地进行内容创作。

　　运营者可以在抖音 App 中直接搜索"抖音短剧新番计划"，进入话题页面后，点击"点击了解最新激励规则"按钮，即可看到报名入口，如图 11-1 所示。

点击了解最新激励规则

图 11-1　"抖音短剧新番计划"的报名入口

　　点击"立即报名"按钮，即可进入"抖音短剧剧有引力——分账赛道短剧报名表"界面，如图 11-2 所示。运营者可以在此填写报名表中的详细信息，并点击"提交报名"按钮即可。

　　"剧有引力计划"的任务奖励包括现金分账和流量激励两种方式，但活动门槛比全民任务更高，不仅对新媒体内容有更高的要求，而且参与者的粉丝量和作品播放量都需要达到一定的指标。

图11-2 "抖音短剧剧有引力计划——分账赛道短剧报名表"界面

11.1.2 流量分成盈利

参与新媒体平台任务获取流量分成，这是新媒体内容营销领域较为常用的盈利模式之一。例如，抖音平台推出的"站外播放激励计划"，就是一种流量分成的盈利形式，不仅为运营者提供站外展示作品的机会，还帮助他们增加盈利渠道，获得更多收入。

"站外播放激励计划"有以下两种参与方式。

（1）进入抖音App的抖音创作者中心，点击"全部"按钮，弹出"工具服务"面板，在其中点击"站外播放"按钮即可，如图11-3所示。

（2）收到站内信或PUSH（推送）通知的创作者，可以通过点击站内信或PUSH通知直接进入计划主界面，点击"加入站外播放激励计划"按钮申请加入。图11-4所示为"站外播放激励计划"活动的收益介绍。

专家提醒

　　运营者成功加入"站外播放激励计划"后，抖音可将其发布至该平台的作品授权第三方平台进一步商业化使用，并向运营者支付一定的收益。

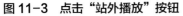

图 11-3　点击"站外播放"按钮　　图 11-4　"站外播放激励计划"活动的收益介绍

11.1.3　会员付费盈利

　　会员是新媒体内容盈利的一种主要方法，不仅在直播行业风行，扫码看视频而且在其他行业也早已发展得如火如荼，特别是各大视频平台的会员制，比如 YY、乐视、优酷、爱奇艺等。如今，很多新媒体视频平台也涉足了直播，于是运营者将会员这一模式植入了直播之中，以此赢利。

　　那么，会员模式的价值到底体现在哪些方面呢？分析如下。

　　（1）新媒体平台可以直接获得收益。

　　（2）新媒体直播平台的推广部分依靠会员的力量。

　　（3）新媒体运营者通过会员模式可以更加了解用户的偏好，从而制定相应的营销策略。

　　（4）会员模式可以增加用户黏性，让用户养成定期观看直播的习惯。

　　新媒体平台采用会员制的原因在于，过去运营者通过直播获得打赏的资金所占比例较高，在一定程度削弱了平台自身的利益，而会员模式无须与运营者分成，所以盈利更为直接、高效。运营者可以通过微信来管理会员，针对付费会员来开设专属直播间。

11.1.4　MCN 模式盈利

　　MCN（multi-channel network）模式来自国外成熟的网红运作，是一种多频道网络的产品形态。它基于资本的大力支持，生产专业化的内容，以保障盈利的稳定性。

MCN 网红盈利模式适合各领域的头部、腰部或尾部"网红"。90% 以上的头部"网红"，其背后都有一个强大的 MCN 机构。而 AI 技术也为 MCN 机构提供了强大的支持，不仅可以提高内容生产和分发的效率与质量，还可以降低运营成本、保护版权、支持创新和优化用户体验。

运营者要想打造 MCN "网红"孵化机构，成为"捧起网红的推手"，自身还需具备一定的特质和技能，具体如下。

- 熟悉新媒体业务的运营流程和相关事项，包括渠道推广、团队建设、主播培养、市场活动开发等。
- 熟悉艺人的运营管理，能够制定符合平台风格的艺人成长激励体系。
- 善于维护新媒体平台资源，能够建立和优化相关的运营体系和管理机制。
- 有团队精神和领导团队的经验，能够面试和招募优质的新艺人，指导他们的职场发展。
- 熟悉娱乐直播行业，对行业内的各项数据保持敏感，能够及时发现流行、时尚的事物。
- 熟悉"网红公会"的运营管理方法，对游戏、娱乐领域的内容有高度兴趣。

随着新媒体的不断发展，用户对接收的内容的审美标准有所提升，这就要求运营团队不断增强创作的专业性。由此，MCN 模式逐渐成为一种标签化 IP，单纯的个人创作很难形成有力的竞争优势。

加入 MCN 机构是提升新媒体内容质量的不二选择，原因有两点：一是 MCN 机构可以提供丰富的资源；二是 MCN 机构能够帮助运营者完成一系列的相关工作，比如管理创作的内容、实现内容的盈利、个人品牌的打造等。

有了 MCN 机构的存在，运营者就可以更加专注于新媒体内容的精打细磨，而不必分心于内容的运营、盈利。

MCN 模式的机构化运营，对新媒体平台内容的盈利来说是十分有利的，但同时也要注意 MCN 机构的发展趋势，如果不紧跟潮流，就很有可能无法掌握其有利因素，从而难以实现盈利的理想效果。单一的 IP 可能会受到某些因素的限制，但把多个 IP 聚集在一起就容易产生群聚效应，进而提升盈利的效率。

11.1.5 账号转让盈利

在生活中，无论是线上还是线下，都是有转让费存在的。所谓转让费，即一个线上商铺的经营者或一个线下商铺的经营者，向下一个经营者转让经营权时所获得的一定的转让费用。

随着时代的发展，逐渐有了账号转让的存在。同样地，账号转让也是需要接收者向转让者支付一定的费用，使得账号转让成为获利盈利的方式之一。

养号卖号这种新媒体盈利方式，适合有大量粉丝的垂直领域型账号。新媒体运营者在购买时尽量选择与自己所在领域相同、定位和风格一致的账号，这样获得的用户群体也会更加精准。通过直接购买这些"大 V"的账号，他们的流量就变成运营者自己的流量了。

若运营者想要直接购买具有一定粉丝基量的新媒体账号，但不知道购买的账号是否适用于自己的创作，可以利用 AI 数据分析工具，将想购买的账号的各类数据及内容与自身数据、内容进行比较分析，以确保账号的受众群体、内容风格、互动模式等方面与自己的创作内容相契合，从而实现粉丝的平稳过渡和内容的持续吸引。

11.1.6　电商带货盈利

扫码
看视频

电商卖货是指通过新媒体平台来卖各种产品。运营者可以通过在新媒体账号上发布文章、图片、短视频等形式吸引用户的点击与阅读，获得流量，然后再将这些流量引到平台或者产品店铺内，进而促成产品的交易。

为了更快吸引用户购买自家产品，仅仅依赖优质的新媒体内容是远远不够的，运营者还需要确保产品本身能够吸引用户的目光和兴趣。因此，运营者可以巧妙地利用 AI 技术生成既有趣又引人注目的产品标题，同时结合精美的产品图片，共同构建出一个引人入胜的产品展示，以激发用户的购买欲望。

例如，微信非常适合沉淀各个电商平台上获得的流量，给电商商家、实体店老板和品牌企业提供全新的销售渠道，拓宽产品的销售范围。同时，微信公众号为广大商家用户提供信息管理、客户管理等功能，让客户管理变得更简单，交流性、互动性也变得更强，最大限度地增强了客户的黏性。

运营者可以利用"微信小店"或者第三方插件来建立自己的微信电商页面。对微信官方而言，"微信小店"将丰富平台的应用场景。运营者在微信中搭建自己的电商平台，还有助于其扩展微信公众号的业务范围，创造更多的收益。

11.2　新媒体内容创作盈利策略

新媒体内容创作盈利策略是指新媒体运营者将自身创作的内容转化为经济收益的一系列方法和手段，不仅能帮助新媒体运营者实现内容的商业价值，还能为其创作提供更多的动力和资源。本节将重点介绍 5 种新媒体内容创作盈利策略，包括知识付费盈利、商业广告盈利、点赞打赏盈利、图书出版盈利、签约作者盈利等，以及 AI 技术如何辅助这些策略的实施。

11.2.1 知识付费盈利

扫码
看视频

知识付费是运营者在新媒体平台上用来获取盈利的一种方式，即运营者在平台上推送一篇文章，订阅者需要支付一定的费用，才能够阅读该文章。这种盈利模式还能够帮运营者找出忠实粉丝。

运营者如果要实施知识付费盈利模式，就必须确保推送的内容有价值，不然就会失去粉丝的信任。因此，知识付费盈利模式比较适合有图文、视频和音频等原创能力的运营者。

以微信公众号为例，运营者可以开通"付费图文"功能。注意，内容必须为原创文章，且不支持转载、赞赏和插入广告。运营者可以利用 AI 技术快速获取热点，了解用户感兴趣的内容，创作出高质量、有深度的原创文章。

运营者发布付费图文内容时，可以设置文章价格、试读比例、前言等，一旦发布文章后，这些参数就不能修改了。未付费用户可以免费阅读前言和试读部分，以及查看其他用户的评论，但不能进行留言。用户只有付费后才可以阅读全部的文章内容，以及写评论。

需要注意的是，用户支付的金额有一定的结算账期和渠道抽成，而且支付渠道不同，账期和抽成也不相同。另外，微信平台后续也可能会收取一定的技术服务费用。

11.2.2 商业广告盈利

扫码
看视频

商业广告是很多运营者的主要获利途径。运营者通过将自己的私域流量出租给个人、平台或品牌商家，让他们在自己的新媒体账号、文章或朋友圈中投放广告，并收取一定的"流量租金"收益。

商业广告盈利的关键在于流量，而流量的关键就在于引流和提升用户黏性。在新媒体平台上，商业广告盈利模式是指在原生新媒体内容的基础上，平台会利用 AI 算法模型来精准匹配与内容相关的广告。

商业广告盈利适合拥有大流量的新媒体账号，这些账号不仅拥有足够多的粉丝关注，而且它们发布的新媒体内容也能够吸引大量用户观看、点赞和转发。例如，微信广告盈利适合有一定粉丝基础的运营者，以及开通了"流量主"功能的公众号。

"流量主"功能是腾讯为微信公众号量身定做的一个展示推广服务，公众号运营者通过将平台中的指定位置拿出来给广告主打广告，并收取一定费用。图 11-5 所示为微信公众号中投放的相关流量广告。

要想做流量广告，运营者要先开通微信公众号的"流量主"功能，可以进入微信公众号后台，在左侧的导航栏中选择"推广"|"流量主"选项，如图 11-6 所示。

在微信公众号的特定位置，把流量广告推送出去，然后根据点击量进行收费，这就是流量广告的盈利方式

图 11-5　流量广告示例

流量主 ➡

图 11-6　选择"流量主"选项

　　执行操作后，进入"流量主"功能界面，单击"申请开通"按钮即可，如图 11-7 所示。想要通过商业广告进行盈利的运营者，首先要做的就是把自己的用户关注量提上去，只有把用户关注量提上去了，才能获得更多收益。

申请开通 ➡

图 11-7　单击"申请开通"按钮

11.2.3　点赞打赏盈利

在新媒体平台上，运营者可通过优质内容来获得用户的赞赏，这是一种很常见的内容盈利形式，在多个新媒体平台上都有它的身影。赞赏可以说是针对广告收入的一种补充，不仅可以增加运营者的收益渠道，而且能够增进与粉丝的关系。

例如，抖音平台的运营者可以开启"视频赞赏"功能，将有机会获得赞赏收益。当运营者开通"视频赞赏"功能后，用户在浏览他发布的短视频时，只需长按视频后点击"赞赏视频"按钮，或者在分享面板中点击"赞赏视频"按钮，即可给运营者打赏。

点赞打赏盈利模式是指粉丝给喜欢的运营者或者文章内容送出的金钱支持，表示对运营者或者文章内容的认可，以激励他们继续创作的行为。例如，在浏览公众号中的原创文章时，经常可以在底部看到一个"喜欢作者"按钮，点击后即可对作者进行打赏，如图 11-8 所示。

图 11-8　对作者进行打赏

点赞打赏盈利模式适合能够创作对用户有价值的优质内容的运营者，或者能够给粉丝提供帮助、积极与粉丝进行互动的运营者。

与卖会员、电商带货等强制性付费模式相比，点赞打赏是一种截然相反的主动性付费模式。给文章打赏，是因为文字引起了用户的情感共鸣；而给主播打赏，有可能只是因为主播讲的一句话，或者主播的一个表情、一个搞笑的行为。

　　点赞打赏与广告、电商等盈利方式相比，其用户体验更好，但收益无法控制。不过，对于新媒体平台上的"大 V"账号来说，点赞打赏方式获得的收益通常不会太低，而且可以快速创造大量的收益。

11.2.4　图书出版盈利

扫码
看视频

　　图书出版盈利模式主要是指新媒体运营者在某一领域或行业经过一段时间的经营，拥有了一定的影响力或者有一定经验之后，将自己的经验与见解进行总结，然后通过图书出版以获得收益的盈利模式。

　　图书出版盈利模式对运营者来说具有多重优势。

　　首先，它适合原创类型的新媒体运营者。原创类型的运营者通过长时间的内容创作和积累，已经形成了自己独特的观点和见解，这些内容是图书出版的宝贵资源。

　　其次，图书出版具有较长的生命周期和广泛的传播范围，一旦图书上市，便可以在很长一段时间内为运营者带来持续的收益。通过图书销售，运营者的影响力也会得到进一步提升。

　　最后，图书出版可以为运营者树立专业形象，提升品牌价值，为未来的内容创作和盈利打下坚实基础。图书出版盈利模式的实施步骤如图 11-9 所示。

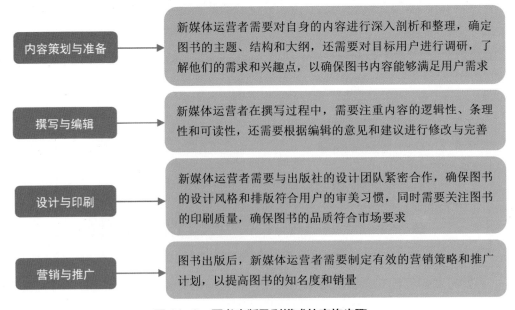

图 11-9　图书出版盈利模式的实施步骤

扫码
看视频

11.2.5 签约作者盈利

签约作者盈利模式适合某个领域或垂直行业的知名作者，同时粉丝量达到百万级别的新媒体账号。

例如，在今日头条平台上，签约作者每个月是有固定收益的，这也是今日头条平台的主要盈利形式。成为头条签约作者，主要有以下两种方法。

（1）系统邀请。只有运营者为平台贡献了足够多有价值的优质原创内容，并成为某一方面的专家，或是有着很高的知名度，才有可能受到今日头条系统的邀请成为签约作者。这是一种平台主动邀请的方式。

（2）主动申请。这是一种由运营者主动申请、平台被动审核的方式。主动申请的做法是：登录头条号，然后关注今日头条官方账号，并在后台选择发送私信，把自身的资料和能证明你已经成为达人的内容链接传送给系统审核，通过审核即可成为头条签约作者。

成为签约作者后，运营者只要完成头条每个月的任务，就可以获得签约作者应得的收益。

本 章 小 结

本章深入探讨了新媒体领域中的商业盈利策略，旨在帮助新媒体运营者轻松实现盈利小目标，内容涵盖了平台运营和内容创作两大方面的盈利策略，以及 AI 在其中的作用。通过本章内容的学习，读者可以了解关于新媒体运营商业盈利的策略，帮助自身更好地进行内容创作，提高经济收益。

课 后 习 题

鉴于本章知识的重要性，为了帮助读者更好地掌握所学知识，下面通过课后习题，帮助读者进行简单的知识回顾和补充。

1．请简述新媒体平台运营中的"流量分成盈利"和"电商带货盈利"策略的主要特点和区别。

2．作为一位新媒体内容创作者，你计划采用"知识付费盈利"和"商业广告盈利"两种策略，请分别描述这两种策略的实施步骤和注意事项。